Band-in-a-Box で何しよう？？？

　Band-in-a-Boxの新しいバージョンが今年も発売されました。発売から20年以上を経過し、機能や使い勝手もますます充実してきました。
　Band-in-a-Boxは自動作曲・編曲ソフトと名付けられていますが、作曲・編曲などの制作活動にとどまらず、実にさまざまな活動の協力者となってくれます。

　まずは、その活用法のほんの一部を紹介しましょう。

※本書は開発中のBand-in-a-Box BasicPAK、MegaPAK、EverythingPAKをもとに作成しています。そのため、メニュー名や画面仕様など、製品版とは異なる場合があります。ご了承ください。

●歌や楽器の伴奏をしてほしい！ 練習に付き合ってほしい！

　演奏活動で伴奏者や共演者がいないときには、Band-in-a-Boxが代わりとなって、あなたと演奏してくれます。

　コードを入力して、【演奏】ボタン▶をクリック。これだけで伴奏が生成されます。多彩なアレンジが用意されており、移調やテンポ変更も自由自在です。

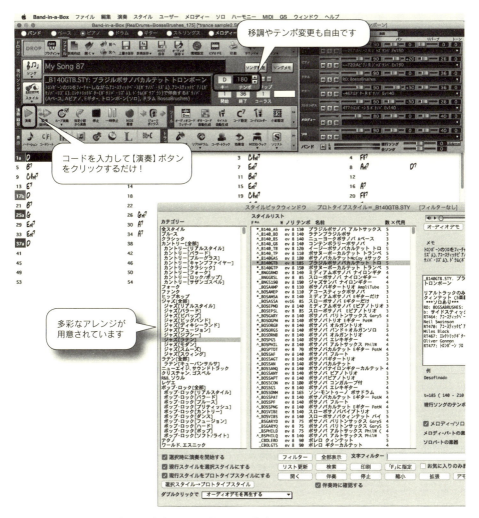

　スタンダード曲を自分に合うキーに移調して伴奏してほしい。ジャムセッションに強くなりたい、いろんなジャンルの音楽を学びたいなど、音楽の練習や学習、本番にもBand-in-a-Boxが好きなだけ付き合ってくれます。

●オリジナル曲を作りたい！　メロディーにコードや伴奏を付けてほしい！

詩やメロディーはたくさん作ったのに、楽器演奏やコード理論は苦手で……という場合は、アレンジや伴奏はBand-in-a-Boxにまかせましょう。

メロディートラックにMIDIでメロディーを録音（入力）したら、メニューから「メロディーからコード生成」を選択するだけ。Band-in-a-Boxがオリジナルメロディーを解析してコードを当てはめ、伴奏まで作ってくれます。

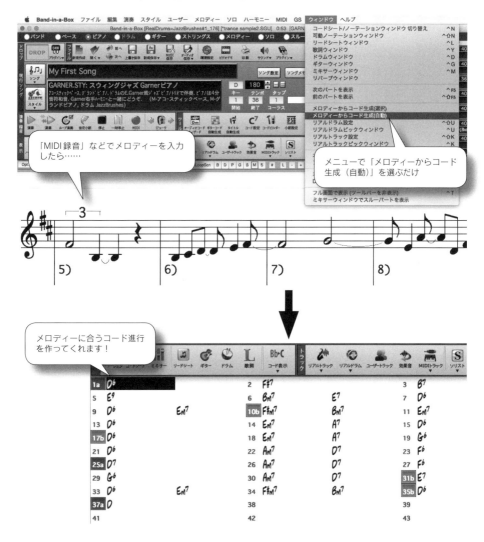

●理論不要の完全自動作曲
(ホームビデオやWeb上で使える著作権フリーのBGMや曲が欲しい!)

ビデオやサイト用にBGMが欲しいけど、他人の曲を勝手に使うのは著作権によりダメらしい……。とお困りの場合は、Band-in-a-Boxに完全おまかせで曲を作ってもらいましょう。音楽理論どころか音符や楽譜の知識も一切不要です。

メロディスト機能を使えば、設定項目にチェックを入れて「OK」をクリックするだけ。あっという間にオリジナル曲のできあがりです。

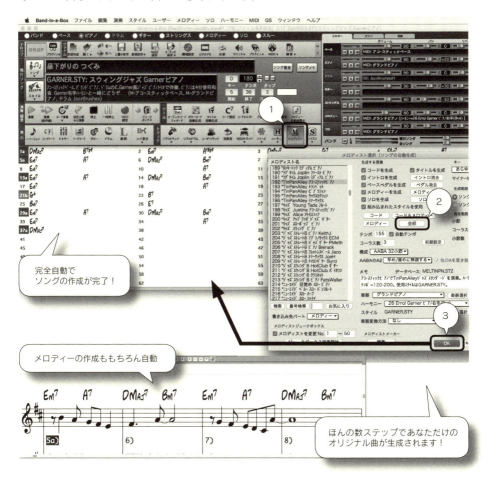

できあがったソングをオーディオファイルに書き出せば、ホームビデオのBGMや、ブログなどWebページの音楽素材として、さまざまな目的で使える、あなただけのオリジナルソングデータがあっという間に完成です。

●その他にも紹介しきれないほどの機能があります！

他にも、歌詞の入力や楽譜の印刷、コードをローマ数字表記に変換して勉強や研究に使ったり、代理コードへの自動変換機能やメロディー自動生成機能で発想の転換や新しいアイデアを発見したりと、その用途はまさに未知数です。

楽譜や歌詞の印刷

代理コードを自動生成

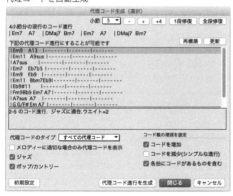

コードのローマ数字表記

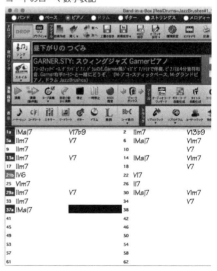

Band-in-a-Boxの驚くべきポイントの1つに「クオリティー」があります。
　初心者にやさしい機能満載で、音楽理論など知らなくともボタン1つで、音楽の制作や演奏を楽しめるソフトでありながら、完成した作品（もはやデータではなく作品です！）のクオリティーはプロフェッショナルレベルなのです。

　古くからある音楽ソフトとして名前が知られるBand-in-a-Boxですが、その実力や便利さはあまり知られていません。
　普段は音楽をされない方にBand-in-a-Boxを紹介すると「簡単だね！」「これは便利！」「BGM作りにいいね！　これ著作権はないの？（もちろん生成されたデータは著作権フリーです）」とその便利さに興味を持ってもらえます。
　そして音楽経験者に紹介すると「これはスゴイ……」「甘く見ていた……」「これは便利だ……」「作業がラクになるかも……」と高度な機能に驚かれます。
　プロからアマチュアまで、音楽的な経験に関係なく魅力を感じさせるBand-in-a-Boxは、一度使ったら手放せなくなる音楽ソフトだといえるでしょう。

　本書を参考にして、みなさんの制作・演奏活動の中で、自分なりのBand-in-a-Box活用術を見つけてください。きっと、すばらしい協力者となってくれることでしょう。
　Band-in-a-Boxによってみなさんの創作活動や可能性がますます発展することを願っています。

CONTENTS

Band-in-a-Box で何しよう？ ··· 2
　　●歌や楽器の伴奏をしてほしい！　練習に付き合ってほしい！・3
　　●オリジナル曲を作りたい！　メロディーにコードや伴奏を付けてほしい！・4
　　●理論不要の完全自動作曲
　　　（ホームビデオや Web 上で使える著作権フリーの BGM や曲が欲しい！）・5
　　●その他にも紹介しきれないほどの機能があります！・6

入門編①
Band-in-a-Box の準備

▎Band-in-a-Box の種類 ··· 16
▎Band-in-a-Box の準備 ··· 17
　　●インストール時のポイント・17　　●ライセンス認証を忘れずに・17
▎Band-in-a-Box の起動 ··· 18
　　●Band-in-a-Box を起動する前に・18　　●Band-in-a-Box の起動・18
▎サウンドカードや MIDI キーボードの設定 ··· 20
　　MIDI 関連の設定を確認する ··· 20
　　　●Audio MIDI 設定（Mac OS 側の設定）・20
　　　●Band-in-a-Box での MIDI 機器の設定・21
　　オーディオ関連の設定を確認する ··· 21
▎メインスクリーンの画面構成 ··· 22
　　メイン画面から移動・整理された項目 ··· 27

入門編②
チュートリアル・デモソングで操作に慣れる

▎「ソングを開く」ダイアログでソングを開く ·· 30
　　デモソングを聴く（プレイバックを制御するボタン） ···································· 31
　　　●その他の演奏をコントロールするボタン・32
▎「ソングピックウィンドウ」からソングを開く ·· 33
▎ソングのテンポ変更 ·· 34
▎キー（調）を変更（移調） ·· 35
▎演奏スタイル（ジャンル）を変える ·· 36

| 演奏パートの設定（ミキサーウィンドウ）──ソロ・消音、音量調整、音色選びなど … 38
| 解説！ MIDIパートとオーディオパートの違い ………………………………… 40

入門編③
ソング作成の基本

| 新規作成──新しいコードシートの準備 ………………………………………… 44
| コードの入力 ……………………………………………………………………… 45
| コードのコピー …………………………………………………………………… 47
| テンポやキー（調）の設定 ……………………………………………………… 49
| 何小節の曲なのか、何回繰り返すのかを決める ……………………………… 50
| スタイルで曲のアレンジを決める ……………………………………………… 51
　　　　●メモやスタイル例を参考にする・52
　　　　●スタイルの横に表示されている記号の意味・52　　●スタイルをお気に入りに登録・53
| メロディーを自動作成 …………………………………………………………… 54
　　　　●「メロディスト」その他の設定・55
| イントロやエンディングを付ける ……………………………………………… 56
　　　　イントロの自動生成 …………………………………………………… 56
　　　　エンディングの設定 …………………………………………………… 57
　　　　エンディング小節のコードも有効 …………………………………… 58
| ブレイクやフィルインさせる …………………………………………………… 59
　　　　ブレイクの指定 ………………………………………………………… 59
　　　　フィルインの指定や伴奏パターンの変化（パートマーカーの活用）…… 60
| リアルトラックで本物のミュージシャンの演奏を加える …………………… 61
　　　　リアルトラックを使用する …………………………………………… 61
　　　　リアルトラックを曲の途中で変更する ……………………………… 62
　　　　複数のパターンを持つリアルトラック ……………………………… 63
　　　　●シンプル版リアルトラック・64
　　　　●クリーンなサウンドのダイレクト入力版リアルトラック・65
| 解説！ リアルトラックをもうちょっと解説！ ………………………………… 66
| 気に入ったパートはフリーズさせて保持 ……………………………………… 72
| ソングの保存 ……………………………………………………………………… 73
　　　　タイトルの入力 ………………………………………………………… 73
　　　　●タイトル自動生成の単語追加・73
　　　　保存する ………………………………………………………………… 74

上級編①
コードシートの作成

■ より高度で柔軟なコードシート作り………………………………………… 76
■ コード入力（パソコンキーボード）………………………………………… 77
　　基本操作……………………………………………………………………… 77
　　パソコンキーボードに関する注意………………………………………… 77
　　　　●コード入力は英字モードで・77　　●テンキーは使用しない・77
　　パソコンキーボード入力でのポイント…………………………………… 78
　　　　●臨時記号の入力・78　　●分数コードの入力・78
　　　　●エクステンションの入力・78　　●コード入力ショートカットの利用・78
　　　　●コード入力時に試聴する・79　　●一般コード一覧表・79
■ コード入力（MIDI キーボード）…………………………………………… 81
■ コード入力（コードビルダー）…………………………………………… 82
　　基本操作……………………………………………………………………… 82
■ コード入力（オーディオコードウィザード〔ACW〕）………………… 84
　　オーディオコードウィザードでの作業…………………………………… 84
　　　　●コード解析するオーディオファイルを開く・84
　　　　●オーディオコードウィザード上での操作・86　　●1小節目を指定する・86
　　　　●小節線を微調整する・87　　●変拍子への対処・87　　●その他の設定を指定・88
　　　　●コードの修正・88　　●楽曲を構成する音程を確認する・89
　　　　●Band-in-a-Box に送信する・89
■ プッシュ（アンティシペーション）やブレイクの記号を非表示にする…………… 92
■ 解説！ パートマーカーについて……………………………………………… 93
■ 1小節で4回コードチェンジさせる………………………………………… 95
　　「，（コンマ）」を使った入力……………………………………………… 95
　　コードビルダーを使った入力……………………………………………… 95
■ "くって" コードチェンジ（プッシュ）…………………………………… 97
　　プッシュ（アンティシペーション）の指定……………………………… 97
　　「現行コードの設定」でのプッシュの指定……………………………… 98
　　プッシュの詳細設定………………………………………………………… 98
　　　　●プッシュが不自然だと感じたら（MIDI パートの場合）・98
　　　　●ドラムパートのプッシュ音量を調整・99
　　　　●リアルトラックのプッシュ音量を調整・100　　●プッシュの使用／不使用を設定・100
■ ブレイク・フィルイン………………………………………………………102
　　ブレイクの種類………………………………………………………………102
　　　　●休止：「．」ピリオドを1つ付けます・102
　　　　●ショット：「．．」ピリオドを2つ付けます・102

　　　　　●ホールドコード：「...」ピリオドを３つ付けます・102
　　　楽器ごとのブレイクの指定 ……………………………………………………… 103
　　　「現行コードの設定」ダイアログでのブレイク指定 ……………………… 104
　　　フィルインの設定 ………………………………………………………………… 105
▎反復記号の対処は「ソング形式の作成」で …………………………………… 106
▎曲途中での各種変更は「現行小節の設定」で（テンポ / 拍子 / スタイル / リアルトラックなど） … 108
　　　ソング途中でのスタイルの変更 ………………………………………………… 109
　　　ソング全体の「現行小節の設定」を一覧で表示させる …………………… 110

上級編② 演奏を自在に操る

▎メロディーやソロに自動でハーモニーを付ける ……………………………… 112
　　　ハーモニーの基本操作 …………………………………………………………… 112
　　　ハーモニーをメロディーパートに書き込む ………………………………… 113
▎演奏に変化を付けて実用的な伴奏を作成 ……………………………………… 114
　　　サブスタイルの指定、シンプルに伴奏する ………………………………… 114
　　　演奏させる楽器を指定する ……………………………………………………… 116
▎自分のキーに合うように移調したい …………………………………………… 117
　　　　　●コードは移調せず、キー設定のみ変更する・118
　解説！　移調する場合はキー設定しておくことが大切 ……………………… 119
▎サックスやトランペットは移調楽器なのでコードは inE♭や inB♭で表記したい … 120
▎4バース（トレード 4）に慣れたい、ソロフレーズを触発されるような掛け合いの相手が欲しい … 123
▎代理コードに置き換える …………………………………………………………… 124
▎コードに合う音階を表示させる …………………………………………………… 126
▎「練習用テンポ」ダイアログ ……………………………………………………… 129
▎アーティストパフォーマンスで研究 …………………………………………… 130
　　　データの開き方 …………………………………………………………………… 130
　　　楽譜（データ）を見て学ぶ方法 ……………………………………………… 131
▎メロディーを MIDI で録音する ………………………………………………… 132
　　　メロディーパートへの MIDI 録音 …………………………………………… 132
　　　録音した MIDI データを消去 ………………………………………………… 133
▎ウィザード共演機能で気楽にメロディー録音（パソコンキーボードでの録音）…… 134
　解説！　ウィザード共演機能について …………………………………………… 136
▎メロディーに適したコード進行を自動生成 …………………………………… 138
　　　自動でコードを生成 ……………………………………………………………… 138
　　　候補から選択してコードを生成 ……………………………………………… 139

| SoundCloud で世界へ公開 …………………………………………………… 141
　　　●SoundCloud 用に保存されたファイル・143
　　　●その他の方法・143
| ミキサーウィンドウ ……………………………………………………………… 144
　　ミキサーウィンドウでの操作 ………………………………………………… 145
| MIDI スーパートラック ………………………………………………………… 147
　　MIDI スーパートラックを含むスタイルを選択する ……………………… 147
　　パートに MIDI スーパートラックを読み込む ……………………………… 149
| 効果音素材 ………………………………………………………………………… 150

上級編③
リードシート（楽譜）の作成

| リードシートウィンドウ ………………………………………………………… 154
　　リードシートウィンドウを開く ……………………………………………… 154
　　表示するパートを選ぶ ………………………………………………………… 155
　　タイトルのフォント設定 ……………………………………………………… 156
《トラブルシューティング》
コードシートではジャズ記号表記できているのに、リードシートに反映されていない！ … 157
| 歌詞の入力 ………………………………………………………………………… 159
　　音符単位歌詞（旧音符ベース歌詞）………………………………………… 159
　　　●音符単位歌詞の入力・159　　●音符単位歌詞の編集・160
　　　●歌詞の表示位置の調整・161　●入力した歌詞の表示・161
　　　●歌詞のフォント設定を編集・162
　　行単位歌詞（旧ラインベース歌詞）………………………………………… 162
　　　●行単位歌詞の入力・162
　　印刷に歌詞を含める …………………………………………………………… 163
　　　●音符単位歌詞の印刷・163　　●行単位歌詞の印刷・163
| 印刷 ………………………………………………………………………………… 164
　　印刷の基本操作 ………………………………………………………………… 164
| 楽譜やリードシートを PDF で出力 …………………………………………… 166

活用編①
すべておまかせでオリジナルソングを作成

| メロディスト機能を使って何でも自動生成 …………………………………… 168
　　生成する要素や曲の構成などを指定する …………………………………… 169
　　　●すべてを自動で生成させる場合・169　●必要な要素だけを選んで生成・169

- ●曲の構成や設定に関する項目の指定・170
- ●「楽器」や「ハーモニー」、「スタイル」に関する設定・170

| ソングをオーディオファイルに書き出す……………………………………171
  ソングをオーディオファイルに変換する……………………………………171
  複数のソングを一括でオーディオに変換する…………………………………172
| オーディオ CD にする……………………………………………………………174
  Mac の標準機能（iTunes）で CD を作成………………………………………174

《トラブルシューティング》
演奏を開始すると、メロディーやソロパートの楽器設定がもとに戻ってしまう…………177

活用編②
付属プラグインの活用

| 付属する SampleTank と AmpliTube の活用……………………………………182
| MIDI パートを SampleTank で演奏……………………………………………184
| SampleTank の編集………………………………………………………………192
| 解説！ SampleTank あれこれ………………………………………………195

活用編③
GarageBand との連携

| GarageBand と連携してボーカルや楽器を録音する………………………………198
  GarageBand 側の準備………………………………………………………………201
  連携しての作業………………………………………………………………………202
  録音レベルの調整……………………………………………………………………212
  GarageBand からのオーディオ書き出し……………………………………………213
| 伴奏を個別に（マルチトラックで）書き出す………………………………………214
  特定のパートのみの書き出し………………………………………………………214
  MIDI パートを書き出す形式の調整…………………………………………………215
  全パートをマルチトラックで書き出す……………………………………………216
  ソングをスタンダード MIDI ファイルで書き出す…………………………………217
  書き出されたファイルの管理………………………………………………………220
| 連携作業でのギターに関する情報……………………………………………………221
  ギターの録音前に……………………………………………………………………221
  GarageBand のギターエフェクター…………………………………………………222
  Band-in-a-Box のギター用リアルトラック…………………………………………224
  付属の AmpliTube……………………………………………………………………225
| さらに楽曲を作り込む…………………………………………………………………226

活用編④
VOCALOIDと連携した制作

▍準備 ······ 230
作業の流れをつかむ ······ 230
Band-in-a-Box 側の準備 ······ 232
- ●ソングの準備・232　●DAW プラグインモードにしておく・232
DAW 側の準備 ······ 233
- ●新規ソングの準備・233　●テンポをそろえる・233
VOCALOID エディタの準備 ······ 234
Band-in-a-Box から DAW へデータを流し込む ······ 235
- ●DAW に Band-in-a-Box のデータを読み込む・235
- ●開始位置の調整・236　●不要なパートをミュートする・237

▍VOCALOID で歌わせる ······ 238
VOCALOID 用データの準備 ······ 238
- ●メロディーパートを MIDI で書き出す・238
- ●Piapro Studio で MIDI ファイルを読み込む・239
- ●Piapro Studio 上のメロディーと Studio One の時間軸を合わせる・239
Piapro Studio での歌詞の入力やその他の編集 ······ 240
その他の応用テクニック ······ 240

▍ミックスから書き出しまで ······ 242
DAW でのミックス ······ 242
ファイルとして書き出し ······ 242

あとがき ······ 247

INDEX ······ 249

Band-in-a-Box® は、PG Music Inc. の登録商標です。
Apple®、Mac®、Mac OS® 等は、米国および他の国々で登録された Apple Inc. の商標です。
Microsoft、Windows、Windows XP、Windows Vista、Windows 7、Windows 8、Outlook Express、Windows Media Player および Windows ロゴは、Microsoft Corporation の米国および、その他の国における商標または登録商標です。
その他の商標や登録商標は、それぞれの会社に属します。

入門編①
Band-in-a-Box の準備

Band-in-a-Boxの種類

　Band-in-a-Boxは、BasicPAK、MegaPAK、EverythingPAKの3つのグレードがあります。操作や基本機能はまったく同じですが、デモソングやスタイル、リアルトラックの種類、など付属するデータ（コンテンツ）の数が異なります。

　特にEverythingPAKはハードディスクドライブ（HDD）で提供されており、ロック、ポップス、ジャズ……といった伴奏「スタイル」や、実際のプレイヤーにより録音された臨場感あふれるフレーズを演奏してくれる「リアルトラック」の楽器数などが大量に用意されています。

　もちろんBasicPAKやMegaPAKにも十分なデータが用意されていますが、Band-in-a-Boxの機能をあますところなく堪能するには、ぜひともEverythingPAKを使いたいところです。

	BasicPAK	MegaPAK	EverythingPAK
スタイル	約760種類	約2,480種類	約5,000種類
リアルドラム	8種類	65種類	304種類
リアルトラック	79種類	225種類	1,818種類
MIDIスーパートラック	47種類	74種類	153種類
製品メディア	DVD 1枚	DVD 3枚	2.5インチHDD

Band-in-a-Box の準備

　Band-in-a-Boxには詳細なインストールガイドが付属しています。同梱されているプラグインや多数のスタイルやコンテンツを利用するためにも、しっかりと読んでインストールをすませておきましょう。

● インストール時のポイント

　MegaPAKはDVD-ROM 3枚です。2〜3枚目のディスクも忘れずにインストールしましょう。

　EverythingPAKにはインストール方法が4通りありますが、「HDDから直接アプリケーションを起動する」方法がおすすめです。大量のコンテンツデータを内蔵ディスクへインストールすることなくHDDから直接利用できます。

> 【注意】
> **EverythingPAK でも最低限のインストールは必要！**
> 　EverythingPAKのHDDには、すでにBand-in-a-Boxのアイコンなども用意されていますが、まずはBand-in-a-Boxを起動させるための、最低限のシステムファイルなどのインストールが必要です(容量は数MB程度とごく少量)。
> 　インストールしないまま起動すると文字化けするなどの問題が起きるので、インストールが完了するまでは、起動しないように気をつけましょう。

● ライセンス認証を忘れずに

　Ver.22からシリアル番号による認証システムが導入されました。

　初回起動時に「Band-in-a-Box ライセンス認証」画面が開いたら、【今実行する】をクリックし、「シリアル番号の入力」画面で、シリアル番号を入力しましょう。あとから認証する場合は、「ヘルプ」メニューから「ライセンス認証を行う」を選択すると開きます。

> ♪ ヒント
> **30日以内に認証しましょう。**
> 　認証していなくても、初回起動時から30日間はお試し版として利用できますが、そのあと、起動できなくなります。それまでに認証を完了させましょう。

Band-in-a-Box の起動

● Band-in-a-Box を起動する前に

使用するMIDI機器やオーディオ機材がある場合は、あらかじめ接続しておきます。また、それぞれの機器がパソコンに認識されていることをあらかじめ確認しておきます。

● Band-in-a-Box の起動

「Band-in-a-Box」フォルダ内のアイコンをダブルクリックしてBand-in-a-Boxを起動します。

「Band-in-a-Box」フォルダは、EverythingPAKで外付けハードディスクからBand-in-a-Boxを起動している場合は、外付けハードディスクの「Applications」フォルダ内に、MegaPAKやBasicPAKなどでMacの内蔵ディスクにインストールしている場合は、Macの「アプリケーション」フォルダ内にあります。

EverythingPAKの場合

♪ヒント

起動中にDockのBand-in-a-Boxアイコンを右クリックして「Dockへ登録」を実行しておけば、次回からはDockに登録されたBand-in-a-Boxのアイコンから起動できるので便利です。

入門編① | Band-in-a-Boxの準備

　Band-in-a-Boxを初めて起動する際には、MIDI関連の設定に関するダイアログが開く場合があります。

　「MIDIドライバの選択」ダイアログが開いた場合は「Mac OSX CoreMIDI」を選択すると、本書を読み進める上で便利な設定となります。

　「MIDIポート設定」ダイアログが開いた場合は、入力用の鍵盤や外部MIDI音源がある場合はそれぞれ選択しておきます。

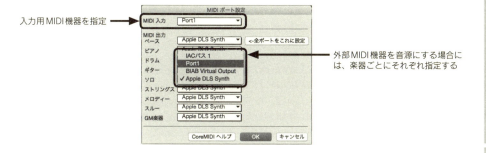

　詳細は次項の 📖 「MIDI関連の設定を確認する」（20ページ）を参照してください。

サウンドカードや MIDI キーボードの設定

MIDI キーボードを使う場合は、MIDI 関連の設定がされているかどうかを確認しておきましょう。また、パソコンの音が出る状態になっているかどうかなども確認しておきます。

MIDI 関連の設定を確認する

●Audio MIDI 設定（Mac OS 側の設定）

Mac OS では、「アプリケーション」フォルダ＞「ユーティリティ」＞「Audio MIDI 設定」で MIDI やオーディオの機器（デバイス）が管理されています。「Audio MIDI 設定」をダブルクリックすると開く画面で、使用する MIDI 機器が表示されていることを確認しましょう。表示がなければ、MIDI 機器のマニュアルなどを確認しましょう。

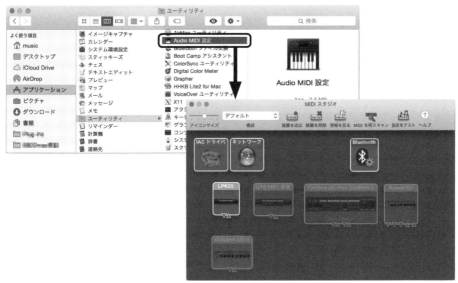

使用するデバイスがOSに認識されていることを確認しておく

※「Audio MIDI 設定」をダブルクリックしてもこの画面が表示されていない場合は、「ウィンドウ」メニューから「MIDI スタジオを表示（MIDI ウィンドウを表示）」を選択すると、開きます。

入門編① | Band-in-a-Box の準備

●Band-in-a-Box での MIDI 機器の設定

Band-in-a-Box で使用する MIDI 機器を以下の手順で設定します。

手順

1) MIDI メニューから「MIDI ドライバの選択」を選択。
「MIDI ドライバの選択」ダイアログが開く。
2) 「MacOSX CoreMIDI」を選択する。
3) 「MIDI ポート設定」ダイアログが開くので、「MIDI 入力」欄で実際に使用する機器を選択。

※「MIDI ポートの設定」ダイアログは、「MIDI」メニューの「CoreMIDI ポートの設定」を選択して開くこともできます。

♪ ヒント

　MIDI入力には、MIDIキーボードなどの入力用機器を選択します。MIDI出力には、それぞれのパート（楽器）を演奏するMIDI音源を指定します。
　MIDI出力を「Apple DSL Synth」に設定するとMac内蔵音源で演奏されます。複雑な設定などが不要なのでオススメです。
　バーチャルインストゥルメントや外部音源を活用したい場合は変更が必要となります。ただ、再生音が出ないなど問題が起きている場合は、いったんここを「Apple DSL Synth」などのシンプルな設定に戻し、それでも音が出ないかなどを検証し、問題点を絞り込んでいくとよいでしょう。

オーディオ関連の設定を確認する

　Band-in-a-Boxのオーディオ設定は、Mac OSの設定が反映されます。ボリュームが下がっていないかなど、パソコン側の音が問題なく鳴っていることを確認しておきましょう。
　なおMIDIパートに外部MIDI音源を使う場合は、そのままではBand-in-a-Boxのオーディオといっしょには鳴らないので気をつけましょう。例えば、小型ミキサーを用意して、そこへBand-in-a-Box（Mac）のオーディオ出力、外部MIDI音源のオーディオ出力、キーボードやエレキギターなど自分の演奏する楽器、を一括でまとめてからスピーカーへと出力するといった構成にすれば、オーディオ出力を管理する上で便利です。

メインスクリーンの画面構成

Band-in-a-Boxのメインスクリーンをいくつかのエリアに分けて、名称と役割を紹介します。

画面上のすべての項目を紹介しているので、最初は必要としない内容も含まれるかもしれません。その場合は、ポイントだけをおさえて次の「チュートリアル」に進みましょう。

読み進めていき、Band-in-a-Boxの概要が見えてきたら、あらためてこちらの内容も確認してください。

「このボタンは何だったっけ？」というときには、資料としても活用できるように記載しています。また、正式名称を知ることで、マニュアルやヘルプでの調べものにも役立つことでしょう。

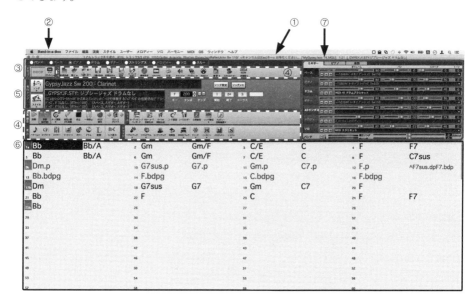

①ステータスバー

現行ソングの情報が表示されています。

主な情報はファイル名や長さ、スタイルなどで、表示情報はリアルタイムで変わります。例えば、ソングを編集すると「＊」が表示されるようになります。また、時間のかかる処理（リアルトラックやリアルドラム、ソロなどの生成など）の実行中は、進行状況が表示されます。

②メニュー

メニューバーから、Band-in-a-Boxのさまざまな機能へアクセスすることができます。

③パート名とドロップステーション

「ベース」「ピアノ」などのパート名を右クリックすると、さまざまなメニューが表示されます。パート名の色は種類や状況によって変化し、MIDIトラック（黄色）、リアルトラック（緑）、スーパーMIDIトラック（水色）、消音中（赤）、未設定（白）など見分けやすく表示されます。「バンド」はすべてのパート（トラック）を指します（以前のコンボと同じ）。「スルー」は外部接続MIDIキーボードなどを指します。

パート名を「DROP」へドラッグ＆ドロップすると、他の音楽制作ソフトと連携できるファイル（スタンダードMIDIファイル、オーディオファイル、圧縮オーディオファイルなど互換性のある形式のファイル）が作成されます。

④ツールバー

　メニュー内にたくさんある項目の中から、よく使うものがボタンとして配置されています。Ver.22でのメイン画面の刷新に伴い、機能別に分けて配置されるようになり、整理・統合もおこなわれました。基本的にメニューバーにも同じ項目が用意されています。どちらでも機能は同じです。

⑤タイトルエリア（現行ソング）

「コードボックス」欄にはシートへ入力中のコードが表示される

　タイトルエリア（現行ソング）では、ソングのタイトルや、使用されているスタイルとその詳細、テンポ、キー（調）、開始小節、終了小節、コーラス数など、演奏に関する項目、コードシートに入力中のコード、設定用の各種ボタンなどが配置されています。

新機能！

　【ソング】【スタイル】ボタンはボタン下部をクリックすると今まで通り詳細なメニューが表示されます。ボタン上部には「お気に入りのスタイルから選ぶ」「スタイルピックウィンドウを開く」などお気に入りの動作を「規定動作」として割り当てられるので、使用頻度の高い項目を割り当てるとよいでしょう。

24

⑥コードシート

1a Bb		Bb/A		2 Gm		Gm/F		3 C/E		C		4 F		F7
5 Bb		Bb/A		6 Gm		Gm/F		7 C/E		C		8 F		C7sus
9 Dm.p				10 G7sus.p		G7.p		11 Gm.p		C7.p		12 F.p		^F7sus.dpF7.bdp
13 Bb.bdpg				14 F.bdpg				15 C.bdpg				16 F.bdpg		
17 Dm				18 G7sus		G7		19 C.m		C7		20 F		
21 Bb				22 F				23 C				24 F		F7
25 Bb				26				27				28		
29				30				31				32		
33				34				35				36		
37				38				39				40		
41				42				43				44		
45				46				47				48		
49				50				51				52		
53				54				55				56		
57				58				59				60		
61				62				63				64		

　コードシートに入力したコード進行をもとに、Band-in-a-Boxは伴奏を生成します。コード入力の際に「.（ピリオド）」など独自の記号を併用することで、ブレイクやホールド（音をのばす）などの具体的な演奏指示も可能です。

　リピートやD.S.など反復記号のある曲では「ソング構成」機能を使うことで、リードシート的なシンプルなコードシートからでも実際の進行に合わせた演奏が可能になります。

⑦ミキサーウィンドウ 新機能!

　Ver.22ではミキサーウィンドウの刷新がおこなわれました。パートごとの設定が集約されており、上部のタブを切り替えて各種作業や設定をおこなえます。

ミキサー

　左側にはソロ・ミュート・フリーズなど出力関連の項目がボタンで用意されています。右側は、上部にボリュームパンなどオーディオの項目が、下部には、楽器状況が表示されています。右端の「▼」をクリックするとメニューにアクセスできます。

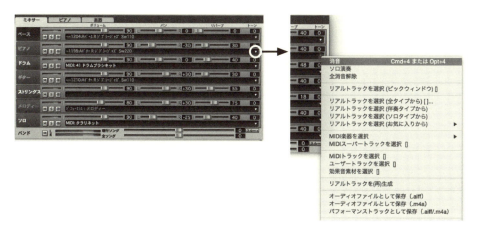

ピアノ

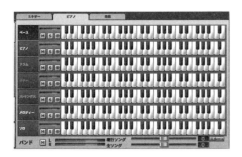

楽譜情報を持つパートでは演奏中の音が示され、クリックして音を出すこともできます。以前メイン画面にあったピアノ鍵盤がここに移動しました。

楽器

「ミキサー」タブの右下の欄と同様の機能を持ちますが、楽器名が大きく表示されているので、MIDI音色やリアルトラック、MIDIスーパートラックなどの状況を確認しやすくなっています。

ミキサーウィンドウ右下の【スルー】をクリックすると、画面が拡張してそれぞれのパートの調整もおこなえるようになりますが、コードシートの領域を圧迫することもあってか、普段は閉じられています。下部の【バンド】はマスターフェーダー（メイン出力）と考えるとよいでしょう。

メイン画面から移動・整理された項目

Ver.22では、見た目がずいぶん変更されました。以下の項目は、以前はメイン画面にあったものが、場所の移動や整理された一例です。

ピアノ鍵盤
ミキサーウィンドウへと移動。

ハーモニーエリア
ツールバー「トラック」内にボタンとして配置。もしくは、メニューの「ハーモニー」内に統合。

ウィザード、フィオリトゥーラ
メイン画面上にチェックボックス付きで表示されていたこれらの項目は、それぞれ整理・統合されました。
ループ関連の設定だった「セクション」の機能は、名称を変えて、【ループ演奏】ボタンに統合。

「ウィザード共演機能」のON/OFFは「演奏」メニュー内に統合。
メロディーやソロのフレーズを装飾する「フィオリトゥーラ」は「メロディーを自動装飾」と改名されて「メロディー」メニュー内でチェックできます
※再起動するとチェックはリセットされます。

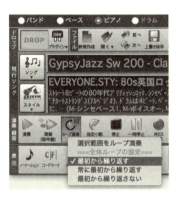

入門編②

チュートリアル
デモソングで操作に慣れる

Band-in-a-Boxには、すでにたくさんのデモやサンプルソングが用意されています。ソング作成の参考にもなるので、作業に入る前にこれらのデモを聴いてBand-in-a-Boxの操作に慣れていきましょう。

　Band-in-a-Boxのソングファイルは「.SG」や「.MG」という形式です。

　あらかじめ用意されているデモソングを開いてみましょう。

「ソングを開く」ダイアログでソングを開く

　ツールバーの【開く】ボタン ![開く] をクリックして、「Finderでソングを開く（F3）」を選択し「ソングを開く」ダイアログを開きます。

　目的のソングを選択して「選択」をクリックします。

　ここでは例として「Soundtrack MIDI Fakebook」の中の「Jazzy 1 - Cool Cats」を開きます。

　上記フォルダの場所が見つからない場合は以下の階層を探しましょう。

「起動ディスク」＞「アプリケーション」＞「Band-in-a-Box」＞「Songs and Lessons」＞「Soundtrack MIDI Fakebook」フォルダの中

※ HDD版では、EverythingPAKドライブの中の「Applications」＞「Band-in-a-Box」＞「Songs and Lessons」＞「Soundtrack MIDI Fakebook」の中を同様に参照しましょう。

入門編②｜チュートリアル・デモソングで操作に慣れる

　ソングが開いたら、タイトルエリアの【ソングメモ】をクリックすると、ソングの概要を見ることができます。目を通したら「OK」をクリックしてメモを閉じます。
　なお、他にもたくさんのデモ曲が用意されています。名前に「.....Demo」と付くフォルダの中を探してみましょう。

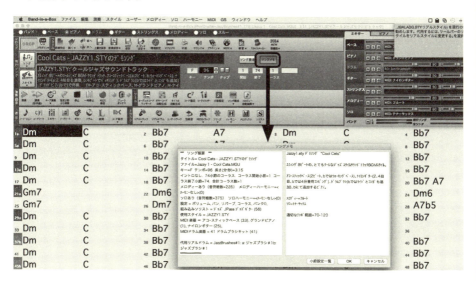

デモソングを聴く（プレイバックを制御するボタン）

　ソングが開いたら、ツールバーの【演奏】ボタン をクリックしましょう（①）。ベース、ドラム、ピアノ、ギター、ストリングス、の演奏が即座に生成されて、バンド演奏が開始します。
　途中で停止させるには、【停止】ボタン をクリックします（②）。

31

うまくBand-in-a-Boxの演奏を聴くことができたでしょうか。

もう一度【演奏】ボタン をクリックすると、まったく同じ演奏内容が再度演奏されます。【演奏（新伴奏）】ボタン をクリックすると、あらたに演奏が生成されます（③）。伴奏があらたに生成されるので、コード進行やリアルトラックなどに変更や編集を加えたのに変化がない場合にも有効です。変更が反映されない場合はクリックしてリフレッシュしてみましょう。

③

● その他の演奏をコントロールするボタン

④　⑤

【ループ演奏】ボタン (④)

コードシートの選択箇所もしくはソング全体をループさせる設定などをおこなえます。

【指定小節から演奏】ボタン (⑤)

クリックするとダイアログが開き、小節番号とコーラス数（繰り返し）を指定して演奏できます。

入門編②｜チュートリアル・デモソングで操作に慣れる

「ソングピックウィンドウ」から
ソングを開く

　「ソングピックウィンドウ」には、ソングの具体的な情報（スタイル名やテンポ、キー、拍子など）がリスト表示されており、【検索】ボタンで文字検索もできるので、Finderから探すよりも目的のソングを見つけやすくなっています。

　この画面を表示させるには、ツールバーにある【ソング】ボタンの下半分をクリックして（①）「「ソングピックウィンドウ」からソングファイルを開く」を選択します。

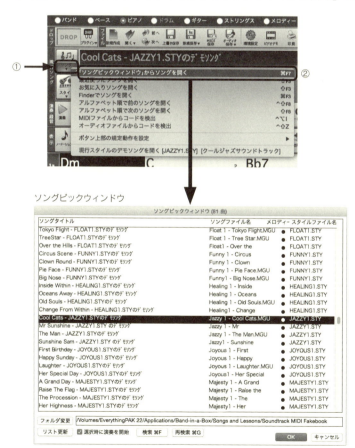

ソングピックウィンドウ

33

ソングのテンポ変更

　ここからはソング設定の基本操作を見ていきましょう。30ページの「ソングを開く」で開いた「Jazzy 1-Cool Cats」を題材にして説明していきます。
※ 閉じてしまった場合は【ソング】ボタンの下半分をクリックして「最近使ったソングを開く」から見つけると便利です。

　タイトルエリアでは、ソングのテンポを変更できます。ここでは、初期値の「96」から「144」にテンポを変更してみましょう。
　タイトルエリアでテンポが表示されているところをクリックするとダイアログが開き、テンポを数値で直接入力できます。

　変更したら、演奏させてテンポが変わったことを確認しましょう。

キー（調）を変更（移調）

ソングのキー（調）はタイトルエリアに表示されており、クリックしてプルダウンメニューから移調後のキーを選べます。

ここでは、このソングのキーを初期状態の「F」から「G」へ変更してみましょう。

プルダウンメニューは、左右2つに分かれています。

左：入力済みのコードもいっしょに移調されます。通常はこちらを選びます。

右：コードはそのままで、キー設定のみ変更します。例えば、キーがDmの曲なのに、初期値の「C」のままコードを入力してしまったので変更したい……といった場合に利用します。

※ 実際のキーとキー設定が食い違っていると正しく移調作業などをおこなえないなどの影響があります。正しいキー設定にしておくことはとても重要です。

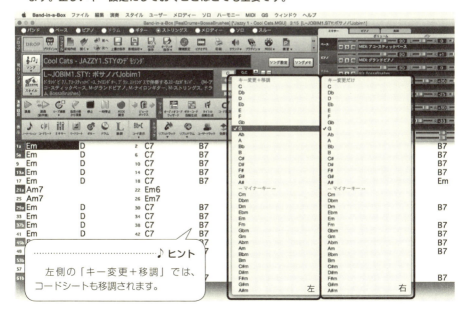

♪ヒント
左側の「キー変更＋移調」では、コードシートも移調されます。

演奏スタイル（ジャンル）を変える

「スタイル」を切り替えることで、演奏スタイルのジャンルを簡単に変更できます。現在のスタイルは、タイトルエリアで確認できます。

現在は「JAZZY1.STYクールジャズサウンドトラック」がスタイルに選ばれている

では、スタイルをジャズからボサノバへ変更してみましょう。

【スタイル】ボタンの下部をクリックして（①）「「スタイルピックウィンドウ」からスタイルを開く」を選択します（②）。

スタイルピックウィンドウが開きます。

入門編② | チュートリアル・デモソングで操作に慣れる

スタイルピックウィンドウ

スタイルピックウィンドウが開いたら、カテゴリーで「ジャズ［ラテン］」を選択します（④）。ラテンのスタイルだけが絞り込んで表示されるので、ここでは、「ボサノバJobim1」のスタイルを選択してみましょう（⑤）。見つけにくい場合は、文字フィルター（⑥）や【検索】ボタン（⑦）でワードを検索できます。

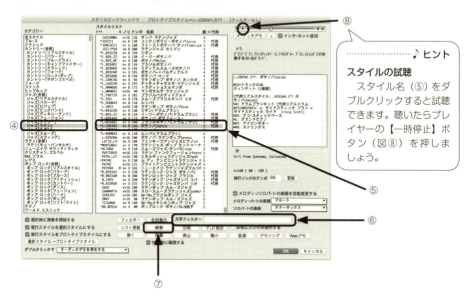

♪ヒント
スタイルの試聴
　スタイル名（⑤）をダブルクリックすると試聴できます。聴いたらプレイヤーの【一時停止】ボタン（図⑧）を押しましょう。

「OK」をクリックしてスタイルを変更したら、さっそくボサノバスタイルに切り替わった演奏を聴いてみましょう。

37

演奏パートの設定（ミキサーウィンドウ）
――ソロ・消音、音量調整、音色選びなど

ミキサーウィンドウでは、演奏パートに関するさまざまな設定をおこなえます。

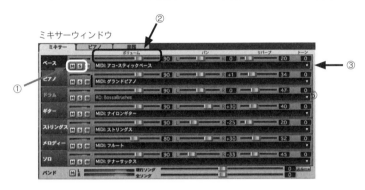

①ソロ演奏・消音（ミュート）ボタン

そのパートだけをソロにしたり、ミュートするボタンです。【ソロ】ボタンをクリックすると、他のパートはミュートされて赤い文字になります。解除するには、もう一度同じボタンをクリックします。

②ボリュームスライダー

トラックごとの音量バランスを調整します。となりにはパンやリバーブなどの調整用スライダーも用意されています。

③音色（楽器）名

パートごとのトラック右下には現在の楽器が表示されています。ここでは、ピアノパートの音色をビブラフォンへ変更してみましょう。

ミキサーウィンドウの「ミキサー」タブを選んでおき、右下の楽器名をクリックしたら「MIDI楽器を選択」から「12 ビブラフォン」を選びます。

※「GM 楽器を選択」をクリックするとさらに多くの選択肢が表示されます。

入門編② | チュートリアル・デモソングで操作に慣れる

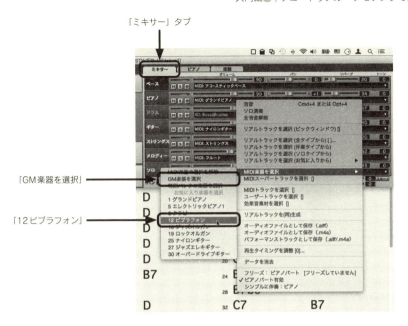

「ミキサー」タブ

「GM楽器を選択」

「12 ビブラフォン」

　演奏させて音色の変化を確認しましょう。その際、ピアノパートの【S】ボタンをクリックしてソロにすれば他のパートを消音してビブラフォンの音色で演奏されるピアノパートだけを聴くことができます。

> ♪ ヒント
> 　音色変更だけでなく、MIDIトラックからリアルトラックやMIDIスーパートラックなど、他の種類のトラックへの変更も可能です。
> 　文字の色はそのパートの種類を示します。パートの種類に関しては、次項「**解説！　MIDIパートとオーディオパートの違い**」も参照してください。

> 解説！

MIDI パートとオーディオパートの違い

　Band-in-a-Boxには、ベース、ピアノ、ドラム、ギター、ストリングス、メロディー、ソロ、スルーなどの項目がミキサーウィンドウに表示されており、これらの楽器を「パート」（または「トラック」）と呼びます。

　前項のヒントでも少し触れましたが、ソングには、MIDIトラックやリアルトラック（オーディオ）など種類の異なるパートが混在しています。
　Band-in-a-Boxの操作や仕組みをより理解するためにも、ここで、MIDIやリアルトラック（オーディオ）など、トラックの種類ごとの特徴や機能の違いについて整理しておきましょう。

□「MIDI トラック」

　MIDIとは演奏情報であり、それだけでは音は鳴りません。楽譜のようなものなので、音を鳴らしてくれる相手（音源）が必要です。
　初期状態ではMacの内蔵音源である「Apple DSL Synth」がMIDI音源として用意されています。設定によっては、外部MIDI音源や、MacのIACバス機能を利用してのSampleTankなどのバーチャル音源との連携も可能です。

　MIDIのパートは黄色で表示されます。プロのミュージシャンの演奏データをもとに生成される「MIDIスーパートラック」は水色（青）です。
　どちらも演奏データにより音源を鳴らしているので、後述のリアルトラックと違って任意の音色へ変更することができます。

□「リアルトラック／リアルドラム」

　リアルトラックは、実在するミュージシャンの演奏をオーディオデータとして録音し、コード進行に合うように再構成して再生しています。
　録音されたデータなので、再生される演奏は本物のまさにリアルな音です。
　その反面、データ量が大きいのでリアルトラックの生成には、MIDIトラックの生

成よりも時間がかかります。あとからの編集もMIDIほどの柔軟性はなく、楽譜表示もありません。

　リアルドラムは、リアルトラックの技術に先行して、まず、ドラムパートだけが「リアルドラム」としてオーディオ演奏が可能になった経緯があります（それまでのBand-in-a-BoxはMIDIパートだけでした）。ドラムに特化した設定内容が用意されています。

MIDIの利便性を合わせ持つ「リアルチャート付きリアルトラック」

　一部のリアルトラックには、「リアルチャート」と呼ばれるMIDI情報（音符情報）が埋め込まれています。これにより、リアルなオーディオの演奏でありながら楽譜表示ができる、スタンダードMIDIファイルへ書き出せるなどの、MIDIとオーディオ、両方の利点を合わせ持ったトラックとなります。

リアルチャートを含むリアルトラックは、パート名の下に線が表示される

□見分け方

　パート名の色で、トラックの種類や状態を確認できます。

黄色：MIDIトラック
緑色：リアルトラック／リアルドラム
水色：MIDIスーパートラック
橙色：パフォーマンストラックとして保存されたパート
赤色：消音中のトラック
白色：未設定のトラック
灰色：無効中のトラック

入門編③
ソング作成の基本

基本操作に慣れたら曲作りに挑戦してみましょう。

ここでは、コード進行の入力、テンポや構成の設定など、新しくソングを作成するのに必要な項目を紹介していきます。

新規作成
──新しいコードシートの準備

ツールバーの【新規作成】ボタン をクリックすると、新しいコードシートが開きます。

白紙のコードシートが開きました

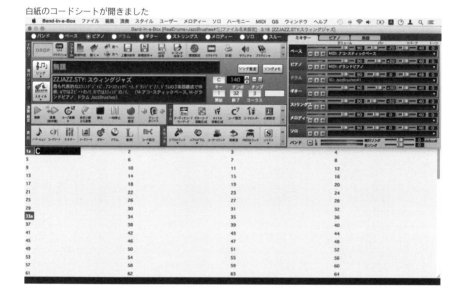

これから、コードを入力したり、さまざまな項目を設定していきますが、その前に、ソングの再生と停止を復習しておきましょう。

【演奏】ボタン を押すと演奏が開始します。【停止】ボタン で停止します。

【演奏（新伴奏）】ボタン は、何かしら変更したあとの再生時にクリックします。あらたに伴奏が生成されます。

入門編③｜ソング作成の基本

コードの入力

1小節目にコード「C」が入力されているだけで、まだ何も設定されていません。例としてC、F、G7のコード進行を入力してみましょう。

まず、コードを入力したい位置をクリックします。

1小節目の3拍目（2つ目のセル）をクリックして選択します。

♪ヒント

Band-in-a-Boxの操作時は、パソコンの入力モードを「英字」にします。

「ひらがな」などの全角入力モードでは、思わぬ動作になることもあるので気をつけましょう。特にタイトルやファイル名などで日本語を入力したあとは忘れがちですので注意が必要です。

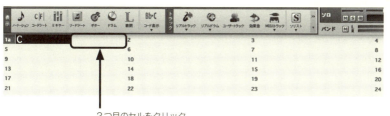

2つ目のセルをクリック

ここに「F」のコードを入力します。

通常の文字入力と同じように、コードネームをそのままタイプし、returnキーか→キーで確定します。

ポイント

コードネームは小文字で入力します。コード「F」なら、小文字の「f」でOKです。shiftキーが不要なのですばやく入力でき便利です。補足しておくと、「#（シャープ）」もshiftキーは不要で3キーを押すだけです。「♭（フラット）」はBキーです。

入力中のコードはコードボックス内に表示されます（次ページ図参照）。returnキーで確定するまで、コードシートには表示されないので慌てないようにしましょう。

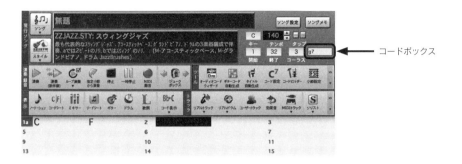
コードボックス

入力を間違えた場合は……。確定前なら、`delete`キーでコードボックス内の入力中のコードを消して修正します。確定後ですでにシートに表示されているなら、そのコードを選んで`delete`キーで消しましょう。

コード入力時に、右図のように表示されてしまう場合は「全角入力」になっています。必要のない文字を`delete`キーで消して、「半角英数」モードに変更してから入力しなおしましょう。

コードシートへの入力の詳細に関しては、 「上級編① コードシートの作成」(75ページ) を参照してください。

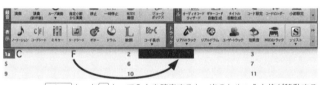
`return`キーか→キーで入力を確定すると、次のセルへ入力枠が移動する

続けて2小節1拍目に「g7」と入力して、G7のコードを入力します。
同様に3〜4小節目にもコード「C、F、G7」を入力して、コードシートを完成させましょう。

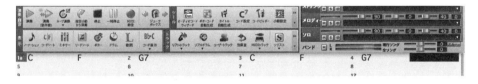

コードを入力したら【演奏】ボタン をクリックして、コード進行通りに演奏されるのを聴いてみましょう。(止めるには【停止】ボタン をクリックします。)

入門編③｜ソング作成の基本

コードのコピー

　同じコード進行が続いたり、ほぼ同じコード進行で一部だけ変更したほうが効率的な場合は、コピー&ペーストすることで作業を効率化できます。
　ここでは、先ほど入力したコードをコピーして曲の長さを倍にしてみましょう。

|手順|

1) コピーする小節を選択し、ハイライト表示させておく。
　　ここでは1〜4小節目を選択。
※ 複数小節を選択するには、先頭小節をクリックしたらそのままドラッグして反転表示させます。

先頭小節をクリックしたらそのまま最終位置までドラッグする

2) 選択範囲の上で右クリック（ control キー+クリック）し、「コードのコピー」を選択
　　（①）。

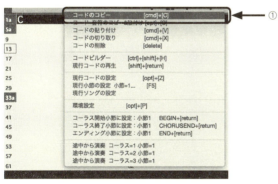

3) 貼り付ける先頭小節をクリックして指定。
　　ここでは5小節目をクリック（②）。

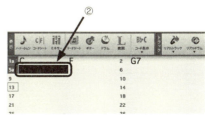

47

4）右クリック（control キー＋クリック）し、「コードの貼り付け」を選択（③）。

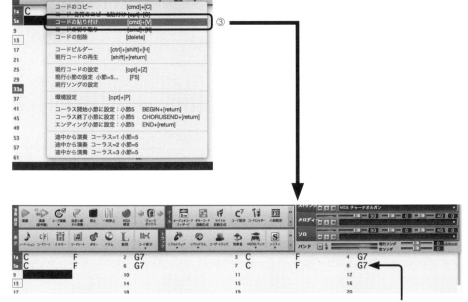

1〜4小節目を5〜8小節へとコピーした

以上でコピーは完了です。

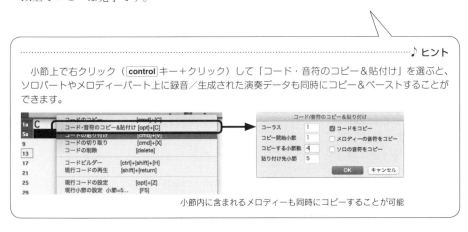

♪ヒント

　小節上で右クリック（control キー＋クリック）して「コード・音符のコピー＆貼り付け」を選ぶと、ソロパートやメロディーパート上に録音／生成された演奏データも同時にコピー＆ペーストすることができます。

小節内に含まれるメロディーも同時にコピーすることが可能

入門編③｜ソング作成の基本

テンポやキー（調）の設定

タイトルエリアで「テンポ」と「キー（調）」を指定しましょう。

ソングのテンポを指定するには、「▼」「▲」をクリックして変更するか、数値を直接入力するなどの方法があります。ここでは、数値を直接入力して変更します。

タイトルエリアでテンポが表示されているところをクリックして（①）ダイアログを開き、「140」と入力し（②）、「OK」をクリックします（③）。

「キー」にはこのソングの調性（キー）が示されています。
キー設定は、曲を移調する場合に大切な項目です。ここでは「C」のままにしておきます。

何小節の曲なのか、何回繰り返すのかを決める

　キーやテンポ設定の下のエリアでは、ソングの開始小節と終了小節、コーラス（何度繰り返すか）をそれぞれ設定します。

　「終了小節」を8小節目に変更してみましょう。「終了」上の数字部分をクリックして（①）プルダウンメニューから「8」を選択します（②）。

> ♪ヒント
> 「開始小節」や「コーラス」も同じ手順で変更できます。

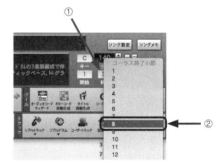

　これでこのソングは「1小節目から8小節目を3回繰り返す」という設定になりました。演奏させて確認しましょう。

　初期設定では、2回目の繰り返し時に、少し伴奏パターンが変化します（ミドルコーラスでのサブスタイル演奏）。また、自動で簡単なエンディングが2小節付きます。

　演奏が終了すると、すぐカウントが開始されて、何度もソングが演奏されます。確認したら【停止】ボタンで演奏を止めてください。

> ♪ヒント
> **開始小節などを設定する理由**
> 　例えば開始小節を9小節目とすると、1〜8小節はイントロとして扱われ、曲自体の先頭は9小節目になります。
> 　「コーラス」に「2」以上の値を設定した場合は、終了小節まで演奏したら開始小節へと戻ります。例えば3コーラスなら、開始小節と終了小節の間を3回繰り返します。そして最後は、終了小節の後ろに簡単なエンディングが自動で演奏されます。
> 　このように、曲そのものの開始小節と終了小節を設定することで、より自然な曲作りができるようになるのです。

入門編③|ソング作成の基本

スタイルで曲のアレンジを決める

曲の雰囲気はアレンジで大きく変わります。

Band-in-a-Boxでは「スタイル」でアレンジを決定します。ジャズ、カントリー、ビバップ、ヒップホップ、ラテン、ブルース、ポップ、ロック、ワルツ、ブルーグラス、クラシック、などたくさんのスタイルが用意されています。

タイトルエリアには現在選択されているスタイルが表示されています（①）。

①現在のスタイル

【スタイル】ボタンの下部（上図②）をクリックして「「スタイルピックウィンドウ」からスタイルを開く」を選ぶと、スタイルを選択する画面が開きます

スタイルピックウィンドウ

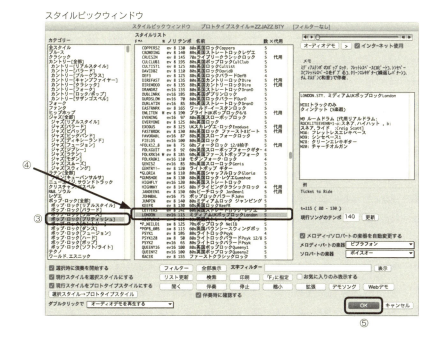

51

スタイルピックウィンドウには、全スタイルがリスト表示されています。左側の「カテゴリー」を選ぶと、表示を絞り込めます。

　例えば前図では、カテゴリーに「ポップ・ロック［ブリティッシュ］」を選択しています（③）。すると、関連するスタイルだけが中央のスタイル欄に表示されるので、「ミディアム UK ポップロック London」を選んでみました（④）。

　「OK」（⑤）をクリックして決定すると、新伴奏が生成されて演奏がはじまります。スタイルが切り替わったのを確認しましょう。

● メモやスタイル例を参考にする

　画面右側の「メモ」「スタイル例」の欄（前ページ図⑥）には、スタイルの特徴や、適したテンポ、このスタイルの合う楽曲例などが表示されるので参考にしましょう。

● スタイルの横に表示されている記号の意味

　スタイルピックウィンドウに表示されるスタイルの左側には、何やら記号が付いているものがあります。代表的なものを記載しておきますので、ぜひ覚えておきましょう。きっとスタイル選びの効率がよくなるでしょう。

「_」	リアルトラックだけのスタイルで、MIDI トラックは1つもない。
「*」	現行スタイルとノリやテンポが似ているスタイル。
「^」	現行スタイルとノリは似ているが、テンポは離れているスタイル。
「W」	ワルツなど3拍子のスタイル。
「ev」	ノリがストレートなイーブンのスタイル。16は16ビート、8は8ビート。
「sw」	ノリがスウィングのスタイル。
「8」「16」	8ビートと16ビートを見分けられます。
「NA」 ※右側に表示	インストールされていないスタイル。使用不可。

入門編③｜ソング作成の基本

● スタイルをお気に入りに登録

気に入ったスタイルは、【「F」に指定】ボタン（⑦）で、お気に入りとして登録できます。

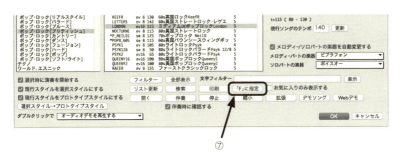

⑦

お気に入りとして登録されたスタイルには、「F」マークが付き、「お気に入りスタイル」として選択肢に表示されるので、見つけやすくなります。

※ 解除するには、もう一度【Fに指定】ボタンをクリックします。

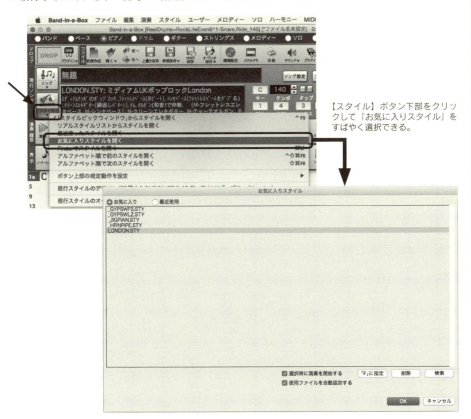

【スタイル】ボタン下部をクリックして「お気に入りスタイル」をすばやく選択できる。

53

メロディーを自動作成

Band-in-a-Boxでは、メロディーも簡単に自動生成してくれます。作業してきたソングにメロディーを生成してみましょう。

[手順]

1）「メロディー」メニューから「メロディスト選択」を選択。
「メロディスト選択」ダイアログが開く。

2）「生成する要素」欄の「メロディーを生成」にチェックを入れる（①）。

3）「コードを生成」（②）と「組み込まれたスタイルを使用」（③）のチェックをはずす。

♪ヒント

ツールバーの【メロディスト】ボタン からでも開けますが、表示領域の狭いMacBookなどではボタンが隠れている場合もあります。
ツールバー右の「>>」をクリックすると、隠れているボタンのリストが表示されます。

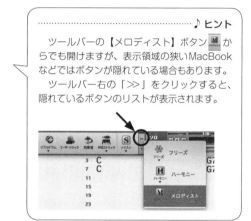

※ この作業はとても重要です。コードやスタイルまで生成すると、すでに入力ずみのコードやスタイルの設定が、新しいものに置き換えられてしまいます。

4）左側の「メロディスト名」の欄から適当なものを選ぶ。
ここでは「39＊ロック エレクトリックピアノ オクターブハーモニー」を選択します（④）。

5）「OK」（⑤）をクリックして画面を閉じる。

以上の操作で、まったく新しいメロディーがメロディートラックに生成され演奏されます。

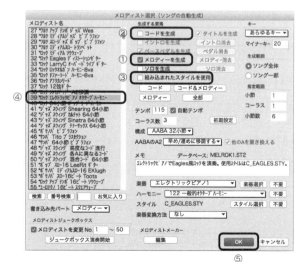

入門編③｜ソング作成の基本

●「メロディスト」その他の設定

「メロディスト選択」ダイアログには設定項目がたくさんあります。メロディー生成のみであれば設定する必要のない項目もありますし、前項の手順だけでも問題なくメロディーは生成されますが、その他の代表的な項目と注意点などを紹介しておきます。

メロディーを演奏する楽器は「楽器」のプルダウンメニューから選択できます（⑥）。なお、ミキサー画面であとから音色を変更したい場合は、【不要】ボタン（⑦）をクリックして「楽器：楽器指定なし」に設定します（メロディスト設定による楽器変更を避けるための設定です）。

ハーモニーが自動で設定される場合があります。必要なければ、ハーモニー欄の【不要】ボタン（⑧）をクリックします。

「ソロを生成」（⑨）にチェックを入れた場合は、ミドルコーラスにソロが生成されます。

ソロパートにメロディーを生成したい場合は、「書き込み先パート」に「ソロ」を選択します（⑩）。

生成されたデータを消去したい場合は【メロディー消去】ボタン（⑪）をクリックします。もしくはミキサーウィンドウのメロディーパートで、楽器名の上でクリックして「データを消去」を選択します。

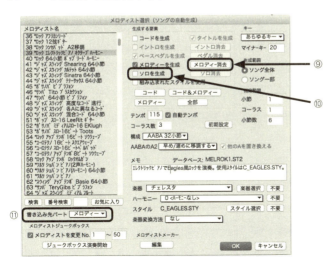

55

イントロやエンディングを付ける

Band-in-a-Boxでは、イントロやエンディングも自動作成してくれます。制作してきたソングにイントロを付けてみましょう。

イントロの自動生成

メニューの「編集」から「イントロコードの自動生成／削除」を選んでダイアログを開きます。【イントロのコードを生成】ボタンをクリックすると、自動的にイントロの小節があらたに挿入されます。

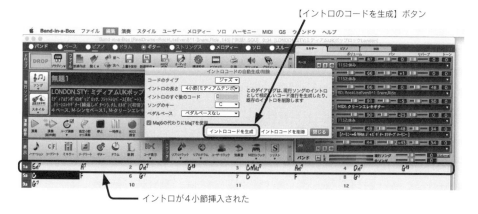

イントロが4小節挿入された

【イントロのコードを生成】ボタンを押すたびに違うコードが作られるので、気に入ったイントロになるまで何度も試しましょう。もちろん自動生成されたイントロのコードは、自分なりに変更することもできます。

なお、開始小節と終了小節の設定は、増えたイントロ小節の分だけ後ろに自動で変更されます。

増えたイントロ小節の分だけ開始・終了小節がずれる

入門編③｜ソング作成の基本

♪ヒント

「イントロコードの自動生成／削除」ダイアログでは、イントロのための設定項目がいくつかあります。

「コードタイプ」を「ジャズ」にすると1小節内で2回コードチェンジする傾向があり、「ポップ」では小節ごとに1つのコードが作られるようになります。

「イントロの長さ」ではイントロの小節数を「2」「4」「8」から選択できます。あえて遅い曲で「8小節（アップテンポ）」を選ぶのも面白いでしょう。

「ソングのキー（調）」をもとにコード進行が生成されるので、現行ソングと同じ設定が基本ですが、あえて変更できる自由度があります。同じように「イントロのすぐ後ろのコード」も指定でき、イントロなどで効果的に用いられる「ペダルベース」も用意されています。

作成されたイントロを削除するには、【イントロのコードを除去】ボタンをクリックします。

エンディングの設定

初期状態では、終了小節のあとに2小節のエンディングが自動的に演奏されるようになっています。

エンディングの設定を変更するには、タイトルエリアの【ソング設定】ボタンをクリックして、「現行ソングの設定」ダイアログを開きます。

「2小節エンディングを生成する」のチェックをはずすと、エンディングを生成しなくなります。

他にも、「フェードアウトエンディング」を有効にして、だんだん音が小さく消えていくような終わらせ方もできます。

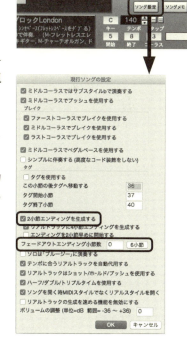

エンディング小節のコードも有効

「2小節エンディングを生成する」を有効にしている場合は、「終了小節」のあと、エンディングの2小節間に入力されているコード進行も有効です。

エンディングのコードを「C」に変更して聞いてみましょう。

いかがでしたか？ イントロやエンディングが加わると、ぐっと曲らしくなりますね。

♪ヒント

Band-in-a-Box にはたくさんの設定画面がある

「現行ソングの設定」ダイアログで「2小節エンディングを生成する」ように設定しているのに生成されない場合は、ツールバーの【環境設定】ボタン をクリックして「環境設定」ダイアログを開き、「エンディングを生成する」のチェック項目を確認し、チェックがはずれていたら入れてください。

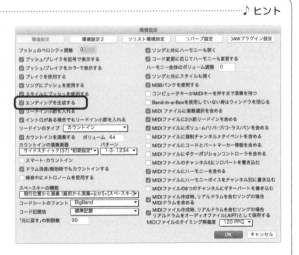

このように、場合によっては、1つの項目に対して複数のダイアログで設定されていることがあります。手順通り設定したはずなのにうまくいかない！ といった場合は、他に同じような設定項目がないかどうかを確認してみましょう。

入門編③｜ソング作成の基本

ブレイクやフィルインさせる

ブレイクの指定

　ブレイクとは、一時的に演奏をストップするなどの演奏上の演出効果です。制作してきたソングにブレイクを指定して効果を確認してみましょう。
　ブレイクの指定には「．（ピリオド）」を使います。

　図のように、コードシートの6小節目にブレイクを指定します。
　セルをG7に移動し、「g7」に続けてピリオドを2つ入力し、「g7..」とします。

> ♪ ヒント
> 「．（ピリオド）」の入力には、パソコンのメインキーボードの [.] キーを使います。テンキーは使えません。

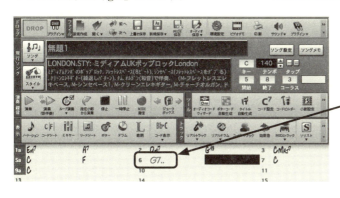

ショットという種類のブレイクを指定しました

　これで、6小節目のG7でブレイクするように指定されました。
　ブレイクを設定したコードは赤く表示されます。

　演奏して、指定したコードでブレイクされるのを確認してみましょう。

フィルインの指定や伴奏パターンの変化
（パートマーカーの活用）

パートマーカーを付けると、その1つ前の小節でドラムがフィルイン演奏します。フィルインが入ると、次のフレーズに向かってよりエキサイティングな演奏効果を生みます。
　また、付けるマーカーの種類、「a.（青色）」「b.（緑色）」によって、伴奏パターンを変化させられます。

　3小節目にパートマーカーを挿入してフィルインさせます。
　3小節目の小節番号の上で右クリックして、「b.［LONDON］」を選びます。

> ♪ヒント
> 小節番号の真上で右クリックするのがコツです。

※ 選択中のスタイルによって表示や項目数は変わります。

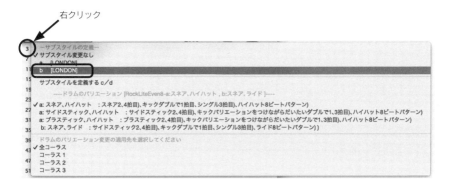

緑色のパートマーカーが付き、異なる演奏パターンが演奏されるようになります。

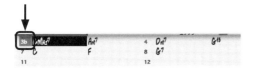

演奏させて、パートマーカーの直前でドラムがフィルインを演奏し、3小節目から伴奏パターンが変化するのを確認しましょう。
　ブレイクやフィルインを使いこなすと、より高度な楽曲制作をおこなえるようになるでしょう。

入門編③｜ソング作成の基本

リアルトラックで
本物のミュージシャンの演奏を加える

　リアルトラックは本物のミュージシャンの演奏を録音したデータをもとに生成されるリアルなトラックです。オーディオならではの本物の楽器サウンドを味わえます。

リアルトラックを使用する

　基本操作は簡単で、リアルトラックが組み込まれたスタイルを選ぶか、パートごとにリアルトラックを読み込むだけです。例えば、【リアルトラック】ボタン をクリックして「リアルトラックピックウィンドウ」を選ぶと、リアルトラックを選択できます。

　どのパートに読み込むかを左上の「パート」欄で選択してから、リスト内でお好みのリアルトラックを選択して【リアルトラック生成】をクリックしましょう。

♪ヒント
「リアルトラックピックウィンドウ」は、ミキサーウィンドウの楽器名表示をクリックして「リアルトラックを選択」からも開けます。

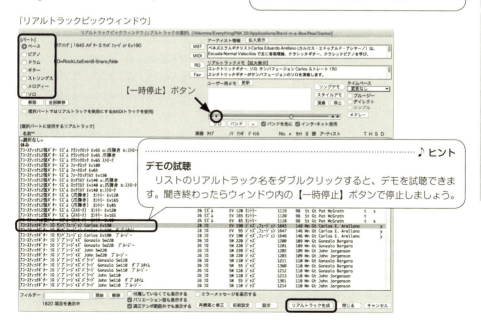

【一時停止】ボタン

♪ヒント
デモの試聴
　リストのリアルトラック名をダブルクリックすると、デモを試聴できます。聞き終わったらウィンドウ内の【一時停止】ボタンで停止しましょう。

61

リアルトラックを曲の途中で変更する

ソングの途中でリアルトラックを変更する方法はいくつかありますが、「現行小節の設定」ダイアログでおこなうのが簡単です。

[手順]

1) リアルトラックを変更する小節の上で右クリックし（①）、「現行小節の設定」を選択してダイアログを開く。
2) 【リアルトラック選択】をクリック（②）。

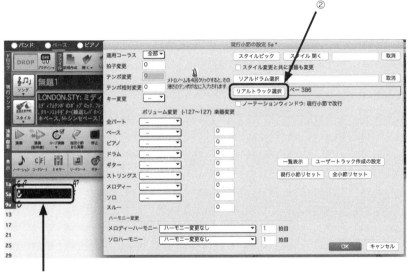

①小節上で右クリック

3) 「現行小節でリアルトラックを変更」ダイアログが開くので、変更するパートを選択（③）。

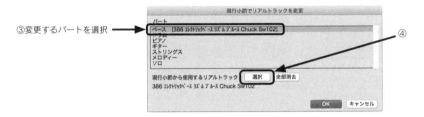

③変更するパートを選択

入門編③｜ソング作成の基本

4）「選択」をクリックして（前図④）、変更後のリアルトラックを指定する（⑤）。

5）「OK」をクリックしてダイアログを閉じる。
※ 複数のダイアログが開いているので3回「OK」をクリックするともとの画面に戻ります。

　リアルトラックに「＜休み＞」を選択すると無音になるので、うまく組み合わせると必要な箇所でのみリアルトラックを演奏させることも簡単です。

複数のパターンを持つリアルトラック

　一部のリアルトラックには、複数のパターンが用意されています。テンション、崩したリズム、フィルインなどを排除しシンプルに演奏する「シンプル版」、エフェクトを排除しクリーンなサウンドで録音した「ダイレクト版」などが別途用意されているリアルトラックがあります。

●シンプル版リアルトラック

一部のリアルトラックには、複数のパターンが用意されています。テンション、崩したリズム、フィルインなどを排除しシンプルに演奏する「シンプル版」、エフェクトを排除しクリーンなサウンドで録音した「ダイレクト版」などが別途用意されているリアルトラックがあります。

「s」が表示されたリアルトラックを選択し、さらに「シンプル」にチェックを入れると、シンプル版の演奏が生成されます。

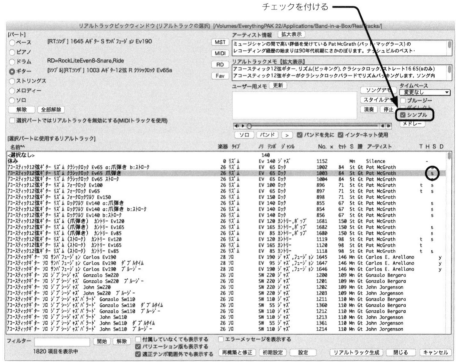

シンプル版が用意されているかどうかを確認し、チェックを入れるのも忘れずに

●クリーンなサウンドのダイレクト入力版リアルトラック

　ダイレクト入力版は、エフェクトなどを排除したクリーンなサウンドです。リアルトラックのパートを素材として書き出して、他のDAWでエフェクトやAmpliTubeなどのアンプシミュレーターを使って音作りをする際などに最適です。より多くのダイレクト版リアルトラックが用意されたことで、音作りもさらに楽しめるようになりました。

　ダイレクト入力版が用意されている場合は、「リアルトラックピックウィンドウ」で「D（ダイレクト）」欄に「y」が表示されています。
　シンプル版と同様に、「ダイレクト」にチェックを入れることで、ダイレクト版が生成されるようになります。

解説！
リアルトラックをもうちょっと解説！

　Band-in-a-Boxには、あらかじめ録音された無数のフレーズが保存されています。パックによってその種類や数は異なりますが、どれも北米のトップスタジオミュージシャンによる演奏です。

　そのすばらしい演奏は、Band-in-a-Boxによって再構築され、リアルトラックとして、あなたの作るソングに合わせて演奏されるのです。

　MIDIパートをリアルトラックに代えると、臨場感あふれる生き生きとした伴奏になるのがわかるでしょう。そして驚くことに、リアルトラックはMIDIトラックと同じように、ボリュームやテンポを変更したり、移調してキー変更することもできるのです。

　リアルトラックを使うには、主に次の3つの方法があります。

（1）リアルトラック付きスタイルを使用する

　リアルトラックを含むスタイルを選ぶと、各パートにリアルトラックが生成されます（MIDIトラックなどが混在することもあります）。
　スタイルピックウィンドウ左の「カテゴリー」欄で「リアルスタイル」を選ぶと、センターにはリアルスタイルを含むスタイルだけが表示されます。
※ リアルトラックを含むスタイルは、名称の最初に「 _ 」の記号が付いています。

　また、同ウィンドウの右側のメモ欄には、生成されるトラックの説明が記載されているので、「リアルトラック」を含むものを選ぶとよいでしょう。

入門編③｜ソング作成の基本

リアルスタイルだけが表示される

（2）リアルトラックのソリストを選ぶ

「ソリスト」は、「ソロ」パートにメロディーを自動生成する機能です。【ソリスト】ボタン🅂 をクリックして、「「ソリスト選択」ダイアログでMIDI／リアルトラックソリストを選択」を選択し、「ソリスト選択」ダイアログを開きます。

※ メニューに書いてある通り、control キーを押しながら「ソリスト選択」ダイアログをクリックするか、shift + F4 キーを押すと、すぐに「ソリスト選択ダイアログ」が開きます。

「ソリスト名」欄でリアルトラックのソリストを選択すると、「ソロ」パートにリアルトラックが生成されます。

※ あらかじめ【リアルトラック】ボタンをクリックしておくと、選択肢がリアルトラックだけになります。

「OK」をクリックすると、ソロパートにリアルトラックのメロディーが生成されます。

(3)現行ソングのパートにリアルトラックを割り当てる

リアルトラックにしたいパート名の上で右クリックして（右図①）「リアルトラックを選択（ピックウィンドウ）」を選択します（右図②）。

※ ミキサーの音色名欄で右クリックしても同じく選べます。

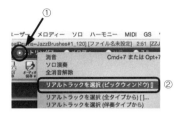

「リアルトラックピックウィンドウ」が開いたら、生成するリアルトラックスタイル名を選択します。

【リアルトラック生成】ボタンをクリックすると（下図③）、リアルトラックの生き生きとした演奏が生成されます。

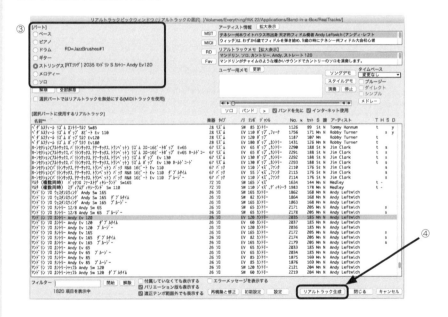

リアルトラックは、どのパートに生成してもかまいません。例えば、ギターパートにピアノのリアルトラックを選んだり、ピアノパートにサックスのリアルトラックを選ぶといったことも可能です。

リアルトラックピックウィンドウの左上「パート」枠では（上図④）、これからどのパートにリアルトラックを生成するかを選択したり、現在割り当てられているリアルトラックなどを確認できます。

□リアルトラックピックウィンドウ

リアルトラックピックウィンドウでは、画面右上の「アーティスト情報」や「リアルトラックメモ」に、リアルトラックを演奏しているアーティストの情報や、スタイルが表示されています。

【拡大表示】ボタンをクリックすると、ウィンドウが開いて、より詳細を確認できます。すばらしい経歴を持っているアーティストたちが、自分のソングを演奏してくれているのを実感できるでしょう。

また、選択パートのオプション枠内の「タイムベース」のプルダウンから、ダブルタイムやハーフタイムの演奏も選べます。

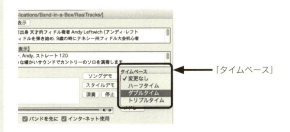

「タイムベース」

例えば、スローバラードでのダブルタイムの演奏を一部に盛り込むと、ソロの効果的なアクセントとなるでしょう（ダブルタイムの部分だけテンポが倍になるような効果があります）。

トリプルタイムでは、3拍子のワルツのリアルトラックを4拍子で使用して、12/8拍子のようなフィーリングを得られます。（速い3拍子のリアルトラックを、遅い4拍子のトリプルタイムで使うべきです。他ではテンポが合わず演奏が破綻するでしょう。）

その下の【メドレー】ボタンをクリックすると「リアルトラックメドレー」ダイアログが開きます。「リアルトラックスタイルの交替頻度」をコーラスごとや、2小節ごと、8小節ごとなどに設定し、その下の「選択パートで使用するリアルトラック」で各パートに割り当てたいスタイルを選択します。呼び出したリアルトラックがメドレーのように演奏されます。

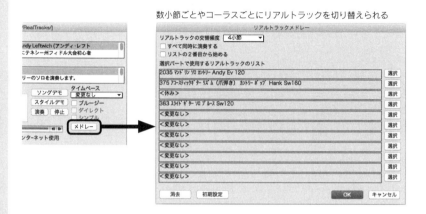

交替頻度を4小節にすればジャズの4バースを再現することができるでしょう。

また、リストから「休み」を選んだ範囲は演奏されないので、リアルトラックの演奏範囲を自由に設定することもできます。

「すべて同時に演奏する」にチェックを入れれば、リストに選んだリアルトラックがすべて同時に演奏されるので、1パートごとに最大で10パート分ものリアルトラックを一斉に演奏させることも可能です。

【メドレー】ボタンの上の、ブルージー・シンプル・ダイレクトは、チェックを入れることで、演奏パターンの傾向を指定できます。

☐ **ブルージー**：メジャートライアドで7thを使ったブルージーなソロフレーズが生成されます。
☐ **シンプル**：難しいリズムやテンションによる装飾を取り入れずシンプルに演奏します。
☐ **ダイレクト**：主にギターとベースパートでエフェクトを通していない素の音で演奏されます。

「ダイレクト」は、エフェクトで色付けされていないドライ（クリーン）な音なので、書き出して他のDAWソフトでお好みのアンプシミュレーターで音作りするなどの活用法があります。

なお、「ダイレクト」や「シンプル」は、それぞれに対応しているリアルトラックでのみ選択／使用することができます。それぞれに対応しているかどうかは、リアルトラックピックウィンドウの「S」の欄に「s」が記載されているか、「D」の欄に「y」が記載されているかで確認することができます。対応していない場合は空欄です。

「譜」の欄に「N」の記載がある項目はリアルチャート付きであることを示しています。リアルチャート（MIDI情報）が含まれるため、オーディオトラックでありながら、楽譜を表示したりMIDIデータとして書き出すことも可能です。「Gt」と記載されている場合はギタータブ表示も可能です。

気に入ったパートはフリーズさせて保持

【演奏（新伴奏）】ボタン ![btn] を押すと、各パートの演奏内容はあらたに生成されます。また、スタイルを変更した際も自動で再生成されます。しかし、気に入った演奏をそのまま保持したいパートもあるでしょう。そのような場合は、パートをフリーズしましょう。

フリーズするには、ミキサーウィンドウの【フリーズ】ボタンを押します。例えばギターパートをフリーズすれば、その後、スタイル変更などがあっても、ギターパートは既存の演奏が保持されます。

フリーズを解除するにはもう一度ボタンをクリックします。

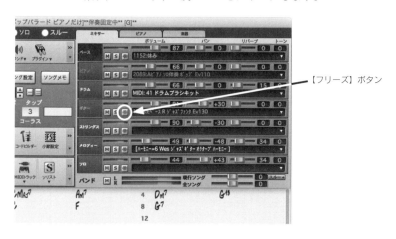

【フリーズ】ボタン

入門編③｜ソング作成の基本

ソングの保存

気に入ったソングが完成したら保存するようにしましょう。
試しに、このチュートリアルで作成したデータを保存してみましょう。

タイトルの入力

保存前にこのソングにタイトルを付けておきましょう。
　タイトルエリアへ直接タイトルを入力します。いいタイトルが思い浮かばなければ、【タイトル自動作成】ボタン をクリックしましょう。自動的にタイトルを付けるというユニークな機能が用意されています。

自動でタイトルが付けられた

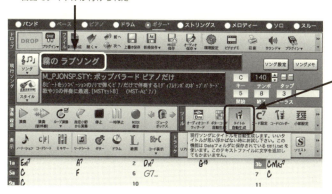

【タイトル自動生成】ボタン

●タイトル自動生成の単語追加

　自動生成されるタイトルに使用する用語を追加することができます。以下の階層のテキストファイルにお好みのキーワードを追加して保存するだけです。

「アプリケーション」＞「Band-in-a-Box」＞「Data」＞「titl1j.txt」
※ 変更前に万一に備えてバックアップをとってから作業しましょう。

> **ポイント**
> - 次回起動時から有効になるので、変更後はBand-in-a-Boxを再起動します。
> - 「titl1.txt」は英語版Band-in-a-Boxで使用するためのキーワード用ファイルです。

> ♪ ヒント
>
> 慣れている人向けですが応用するなら、このファイルをtitl1j.txtに変更すれば、日本語版Band-in-a-Boxでも英語のタイトルが自動生成されます。なお、同一フォルダ内に同じ名称のファイルは存在できません。事前に本来の「title1j.txt」は名称を変えておくか、別の場所に避難させるなどの措置が必要です。また万が一に備えて、英語用、日本語用どちらもバックアップをとっておくべきでしょう。

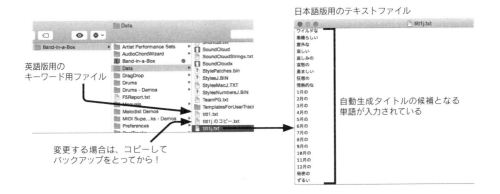

保存する

タイトルを付けたら、ソングを保存しましょう。

【新規保存】ボタン から「名前を付けて保存」を選ぶと、ダイアログが開きます。ファイル名（ソングタイトル）を付け、保存場所を指定・確認したら、「OK」をクリックして保存作業を完了します。

2回目以降は、【上書き保存】ボタン をクリックするだけで開いているソングに上書きして保存されます。

保存で重要なことは、「どこに保存されるか」と「何という名前で保存されるか」を把握しておくことです。

「あの曲はどこに保存したっけな～？」とならないよう、保存前には場所と名称を確認するように心がけましょう。

いかがだったでしょうか。

新規ソング作成を例に、Band-in-a-Boxの基本操作を学んできました。次の項からは、さらに作品を練り上げるためのテクニックなどを項目ごとに紹介します。

上級編①
コードシートの作成

より高度で柔軟なコードシート作り

コードシート上の小節は2つのセル（入力枠）に分かれており、1つのセルには2つまでコードを入力できるので、1小節あたり最高で4つのコードを入力できます。

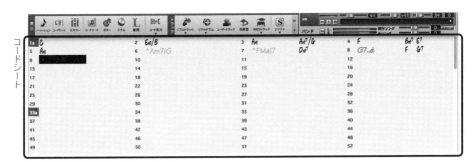

またBand-in-a-Boxでは、コードネームを「ルート」「エクステンション」「ベース音（分数コード）」に分けて処理しています。

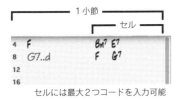

セルには最大2つコードを入力可能

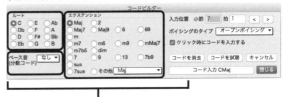

コードはルート、エクステンション、ベース音の3要素で処理される

さらに、コードネームといっしょに各種記号を入力すると、ブレイクやホールド、プッシュなど、さまざまな演奏効果を加えられます。これらの記号をうまく活用することで、Band-in-a-Boxが希望通りの演奏をするようになるでしょう。

コードに記号を加えることで演奏効果を指定

プッシュ記号　　　　　　　　　ブレイク記号

コード入力
(パソコンキーボード)

基本操作

　セルへのコード入力は、テキスト入力と同じ感覚でおこなえます。C7を入力するには「c7」と打つだけです。CdimやB♭susなども、「cdim」「bbsus」のように入力するだけです。ただし入力モードは半角英数モードにしておきましょう。
　このときに shift キーは押さなくてかまいません。

パソコンキーボードに関する注意

●コード入力は英字モードで
　入力モードが半角英数モード以外だと思わぬ誤動作を招きます。入力前にチェックしておきましょう。

●テンキーは使用しない
　コードを入力するときは、テンキーでの入力は認識されません。数字を入力する場合も、テンキーではなく、横一列にならんでいるメインキーボードの数字キーを使用しましょう。1つのセルに2つのコードを入力するための区切りとして使用する「,（コンマ）」も、テンキーに , キーがあっても使用できません。

パソコンキーボード入力でのポイント

●臨時記号の入力

♯（シャープ）は`3`キー、♭（フラット）の入力は`B`キーです。`shift`キーを押す必要はありません。

例えば、B♭なら`B`キーを2回押して「bb」、F♯は`F`、`3`の順に押して「f3」と入力します。

●分数コードの入力

「/（スラッシュ）」で分数コードを入力します。

「G/B」や「G^{onB}」の場合、`G`、`/`、`B`の順に押して「g/b」と入力します。

●エクステンションの入力

一般的なコードは表記通りにタイピングして入力することができます。例えば、C7、D♯m7、E♭69、Fmaj9、Gdim、B♭13、Csusなどです。

`shift`キーは不要なので、それぞれ「c7」「d3m7」「eb69」「fmaj9」「gdim」「bb13」「csus」のように入力します。

●コード入力ショートカットの利用

よく使うエクステンションには、以下のようなショートカットが用意されています。

m   ：「m」「-（マイナス）」
Maj7 ：「j」
dim ：「d」
7♭9 ：「7f」
m7♭5 ：「h」
sus ：「s」

> ♪ヒント
> ジャズなどでのコード表記では、「-（マイナス）」は「♭（フラット）」を表す場合と、「m（マイナー）」を表す場合があります。
> Band-in-a-Boxは、「-」を状況に応じて正しく自動判別します。例えば、「c-7」のようにルートの直後の「-」は「m」と認識します。
> 一方、「c7-9」のようにエクステンションより後ろでは「♭（フラット）」と認識します。

ショートカットを利用すると、Cmaj7は「cj」、Cm7♭5は「ch」、Gdimは「gd」などのように省略できるので、より効率的にコードシートを作成できるでしょう。

● **コード入力時に試聴する**

コードを入力したら return キーを押して確定します。
このとき、 shift キーを押しながら return キーを押すと、入力したコードが演奏され試聴することができます。

● **一般コード一覧表**

Band-in-a-Boxで定義されているコードを次ページに記載しておきます。

追加されたコードの種類

すでに一般的コードはほとんど用意されていますが、Ver.21で以下のコードが追加されました。（　）内は、そのコードの構成音です。

dim5（構成音：1度、♭3度、5度）
add2（構成音：1度、2度、3度、5度）
madd2（構成音：1度、2度、♭3度、5度）

リアルトラックやMIDI スーパートラックなどでこのコードに対応していない場合は、それぞれ自動で置き換えられて演奏されます。

dim5 ⇨ dim7 として演奏
add2 ⇨ sus2 として演奏

一般コード一覧表

メジャーコード

C, Cmaj, C6, Cmaj7, Cmaj9, Cmaj13, C69, Cmaj7$^{\#5}$, C5$^\flat$, Caug, C+, Cmaj9$^{\#11}$, Cmaj13$^{\#11}$

マイナーコード

Cm, Cm6, Cm7, Cm9, Cm11, Cm13, Cmaug, Cm$^{\#5}$, CmMAJ7

ハーフディミニッシュ

Cm7$^\flat$5

ディミニッシュ

Cdim

ドミナント 7th コード

C7, 7+, C9+, C13+, C13, C7$^\flat$13, C7$^{\#11}$, C13$^{\#11}$, C7$^{\#11\flat13}$, C9,
C9$^\flat$13, C9$^{\#11}$, C13$^{\#11}$, C9$^{\#11\flat13}$, C7$^\flat$9, C9$^\flat$9, C7$^{\flat9\flat13}$, C7$^{\flat9\#11}$, C13$^{\flat9\#11}$,
C7$^{\flat9\#11\flat13}$, C7$^{\#9}$, C13$^{\#9}$, C7$^{\#9\flat13}$, C9$^{\#11}$, C13$^{\#9\#11}$, C7$^{\#9\#11\flat13}$, C7$^\flat$5, C13$^\flat$5,
C7$^{\flat5\flat13}$, C9$^\flat$5, C9$^{\flat5\flat13}$, C7$^{\flat5\flat9}$, C13$^{\flat5\flat9}$, C7$^{\flat5\flat9\flat13}$, C7$^{\flat5\#9}$, C13$^{\flat5\#9}$,
C7$^{\flat5\#9\flat13}$, C7$^{\#5}$, C13$^{\#5}$, C7$^{\#5\#11}$, C13$^{\#5\#11}$, C9$^{\#5}$, C9$^{\#5\#11}$, C7$^{\#5\flat9}$, C13$^{\#5\flat9}$,
C7$^{\#5\flat9\#11}$, C13$^{\#5\flat9\#11}$, C7$^{\#5\#9}$, C13$^{\#5\#9}$, C7$^{\#5\#9\#11}$, C13$^{\#5\#9\#11}$

サスペンド 4 コード

Csus, C7sus, C9sus,
C13sus, C7sus$^\flat$13, C7sus$^{\#11}$, C13sus$^{\#11}$, C7sus$^{\#11\flat13}$, C9sus$^\flat$13, C9sus$^{\#11}$,
C13sus$^{\#11}$, C9sus$^{\#11\flat13}$, C7sus$^\flat$9, C13sus$^\flat$9, C7sus$^{\flat9\flat13}$, C7sus$^{\flat9\#11}$, C13sus$^{\flat9\#11}$,
C7susb9$^{\#11\flat13}$, C7sus$^{\#9}$, C13sus$^{\#9}$, C7sus$^{\#9\flat13}$, C9sus$^{\#11}$, C13sus$^{\#9\#11}$,
C7sus$^{\#9\#11\flat13}$, C7sus$^\flat$5, C13sus$^\flat$5, C7sus$^{\flat5\flat13}$, C9sus$^\flat$5, C9sus$^{\flat5\flat13}$, C7sus$^{\flat5\flat9}$,
C13sus$^{\flat5\flat9}$, C7sus$^{\flat5\flat9\flat13}$, C7sus$^{\flat5\#9}$, C13sus$^{\flat5\#9}$, C7sus$^{\flat5\#9\flat13}$,
C7sus$^{\#5}$, C13sus$^{\#5}$, C7sus$^{\#5\#11}$, C13sus$^{\#5\#11}$, C9sus$^{\#5}$, C9sus$^{\#5\#11}$, C7sus$^{\#5\flat9}$,
C13sus$^{\#5\flat9}$, C7sus$^{\#5\flat9\#11}$, C13sus$^{\#5\flat9\#11}$, C7sus$^{\#5\#9}$, C13sus$^{\#5\#9\#11}$, C7sus$^{\#5\#9\#11}$,
C13sus$^{\#5\#9\#11}$

上級編①｜コードシートの作成

コード入力
（MIDIキーボード）

　MIDIキーボードの用意がある場合は、コードを鍵盤で弾いて認識させることができます。

　まず、コードを入力するセルを選択しておき、MIDIキーボードでコードを弾き、⌘+return キーを押します。
　これで、コードが自動認識されてセルに入力されます。
※ Band-in-a-Box が認識できないコードを弾いている場合は、何も入力されません。

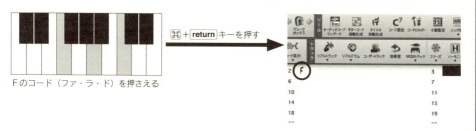

Fのコード（ファ・ラ・ド）を押さえる　　⌘+return キーを押す

　マニュアルに記載されている、control+return キーでも同じ作業をおこなえますが、片手で両方のキーを押さえることができるので、⌘+return がオススメです。

81

コード入力
(コードビルダー)

　コードビルダーを使うと、ルートやエクステンションを選択肢から選んでコードを入力できます。

　【コードを試聴】ボタンがあるので、耳を頼りにコードを見つけたいときにも役立ちます。

コードビルダー

基本操作

　コードビルダーを開くには、コードの入力や編集をしたいセル上で右クリックして「コードビルダー」を選択します。

セル上を右クリック

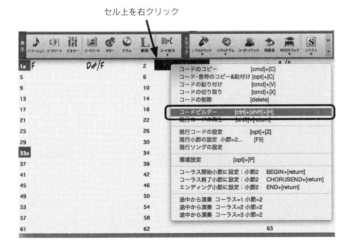

コードビルダーの左側で「ルート」を選び（①）、中央の「エクステンション」（②）や「ベース音（分数コード）」（③）を指定したら【コードを入力する】をクリックしてコードを入力します（④）。

【コードを入力する】をクリックすると、自動的に次のセルへと移動します（⑤）が、【>】【<】ボタンをクリックすると（⑥）、入力対象セルを前、または後ろに自由に移動できます。

♪ヒント

初期状態では、コードビルダーで何かをクリックすると、すぐにコードが入力されるよう設定されています。

これが煩わしい場合は、「クリック時にコードを入力する」のチェックをはずしましょう。

【コードを入力する】ボタンをクリックするまで、コードは入力されなくなります。

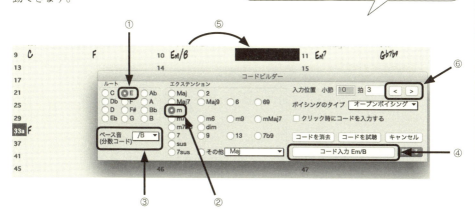

また、「小節」「拍」で、コードがどこに入力されるかを確認したり指定することができます。2拍目、4拍目に入力する場合は、「拍」に直接、それぞれ「2」や「4」と入力します（⑦）。

また、【コードを試聴】をクリックすると（⑧）、現在選択されているコードを試聴できます。何のコードを入力するか迷っている、耳を頼りにコードを探したい、といった場合に使うとよいでしょう。

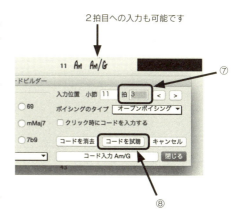

2拍目への入力も可能です

コード入力
(オーディオコードウィザード〔ACW〕)

オーディオファイルを分析してコード進行を生成する「オーディオコードウィザード」は、コードの他にテンポ、キーなども分析する驚きの機能です。

残念ながら、分析後に多くの修正が必要なことも多々あるようですが、うまく分析できれば、耳コピーの負担などを軽減できるかもしれません。

うまく分析できるかどうかは、参照する曲(オーディオデータ)によります。シンプルな楽器編成で楽曲のコード感もしっかりしており、かつ、ミックスやマスタリングもすっきりしているオーディオデータの場合は、とても正確・明瞭にコードを分析してくれます。

オーディオコードウィザードの作業を簡単に紹介しておきます。興味のある方は、以下の手順を参考に挑戦してみてください。

オーディオコードウィザードでの作業

●コード解析するオーディオファイルを開く

手順

1) ツールバーの【オーディオコードウィザード】ボタン をクリック。
「開く」ダイアログが表示される。

【オーディオコードウィザード】ボタン

♪ ヒント

開ける形式は、AIFF、MP3、M4A（AAC）などです。CDの曲を直接開くことはできないので、iTunesなどでライブラリに読み込んでオーディオファイルに変換するとよいでしょう。
※iTunes上でCDを読み込むと、通常はAACに変換されます。

iTunesの環境設定画面。読み込み時の形式を設定できる

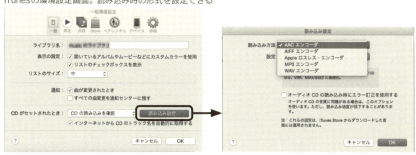

iTunesのライブラリでは、曲名の上で右クリックして「Finderで表示」を選択すると、読み込まれたオーディオファイルそのものがFinder上に表示されます。iTunesに読み込んだ曲がどこに保存されているかを確認したいときなどに便利です。
※ライブラリに読み込んでないCD内の曲名上ではこの作業はおこなえません。

2）分析するオーディオファイルを指定。
　　分析処理がはじまる。

　分析処理が終わると、オーディオコードウィザード画面が開き、分析されたコード進行が表示されます。
　ほとんどの場合は、第1小節目の指定、小節線の微調整、認識したコードの修正といった調整が必要となります。以下は作業の一例です。

●オーディオコードウィザード上での操作

【再生】【停止】ボタン（①）で試聴します。再生中の場所が緑のカーソル（現在位置マーカー）で示されます。

図②のエリアか、コードシート内の希望箇所をクリックすると現在位置マーカーが移動します。

Wキーまたは Home キーで先頭に戻ります。

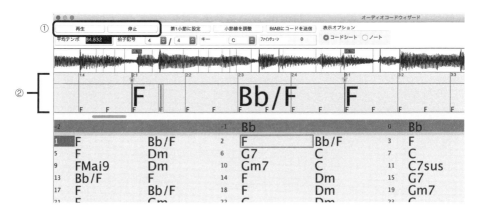

●1小節目を指定する

カーソルを1小節目の先頭に合わせたら、【第1小節に設定】ボタン（③）をクリック

1小節目を正しく指定することは大切です。弱起（アウフタクト）やシンコペーションが目立つ曲では、小節線の認識を誤っている場合もあるので、きちんと指定しましょう。

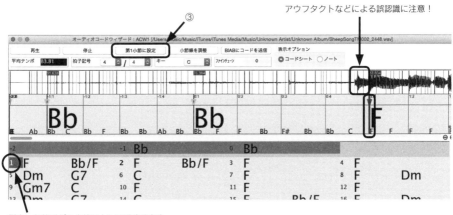

指定した箇所が1小節目として設定された

● 小節線を微調整する

カーソルを小節線となる場所へと配置し、【小節線を調整】ボタン（④）をクリック

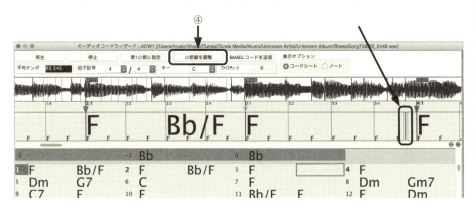

第1小節を指定したら、続く何小節かの小節線も調整しましょう。

うまく認識している場合は調整する必要はありません。また、最初の数小節を調整すると、後ろの小節は自動的に調整されていきます。

♪ヒント

曲頭から再生しつつ、小節頭で【小節線を調整】ボタンをクリックすると、クリックしたタイミングが小節線として再認識されます。曲の終わりまでこの作業をしてから微調整すれば、スムーズに小節線を正しく配置することができます。

● 変拍子への対処

緑のカーソル（現在位置マーカー）を配置して、右クリックから「小節線を挿入する」を選択

実際には曲中で2/4拍子が挿入されているにもかかわらず4/4のまま認識されている場合などは、小節線を挿入して対処します。

小節線を挿入したい場所（＝変拍子として設定しなおしたい小節の先頭）にカーソルを配置

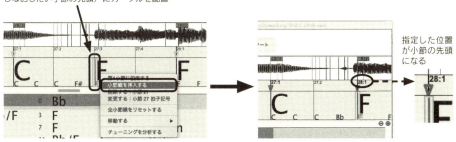

指定した位置が小節の先頭になる

拍子記号を変更したい位置にある小節線上で右クリックし、「変更する：小節：＊＊拍子記号」を選択すると、拍子記号を変更することができます。

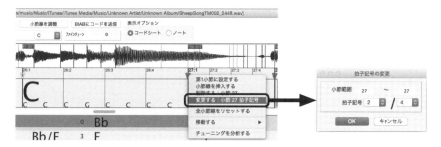

● その他の設定を指定

分析結果の拍やキー（調）、全体のピッチ（チューニング）なども変更することができます。

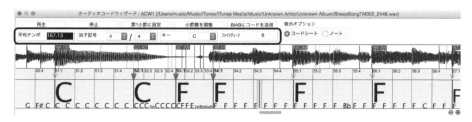

● コードの修正

ACWのコードシートも、Band-in-a-Boxと同じように編集することが可能です。

※ Band-in-a-Boxのほうが詳細な編集が可能ですので、緊急性のない編集はBand-in-a-Box側に読み込まれてからでもよいでしょう。

また、小節線を正しく指定することで、コードも正しく認識されることもあります。手動でコードを修正するよりもまずは小節線を調整しましょう。

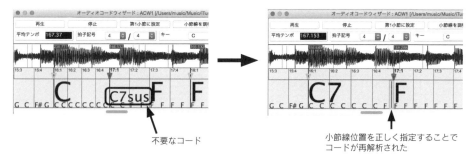

不要なコード

小節線位置を正しく指定することでコードが再解析された

● 楽曲を構成する音程を確認する

「表示オプション」を「ノート」に切り替えると、検出された音を確認できます。コード構成音がわかるので、自分でコードを分析するのにも役立つでしょう。

※ 複雑な倍音などもノートとして認識してしまう場合があるので、目安として参考にしましょう。

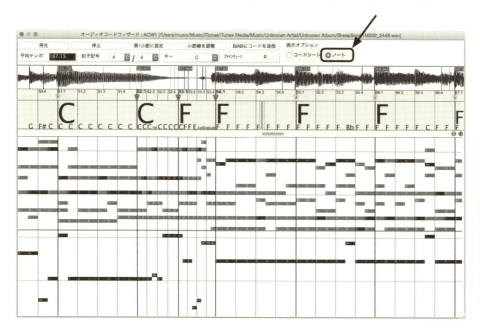

● Band-in-a-Box に送信する

【Band-in-a-Boxに送信】ボタンをクリックすると、解析したデータがBand-in-a-Boxに送信されます。

Maj7 →△7、m7♭5 → φ
──ジャズでおなじみのコード表記へ切り替える

　メジャーは△、マイナーは「−」、dimに○、ハーフディミニッシュにφ……と、ジャズやポップスでおなじみのコード表記に切り替えてみましょう。
　ツールバーの【コード表示】ボタンから「コードシートのフォント」＞「PCジャズ記号」を選択します。これでジャズバンドの譜面などでおなじみの記号を使った表記に切り替わります。

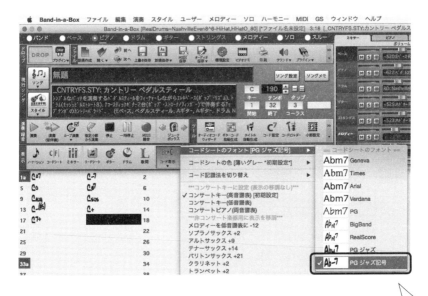

> ♪ヒント
> もとに戻したい場合は、初期設定の「BigBand」を選びなおします。
> 　コードシートの表記（コードフォント）とリードシートの表記は連動していません。印刷するリードシートもジャズ表記にしたい場合は、別途リードシートオプションでの設定が必要です（詳しくは、「《トラブルシューティング》コードシートではジャズ記号表記できているのに、リードシートに反映されていない！」〔157ページ〕参照）。

上級編① | コードシートの作成

ImやV7など
──ローマ数字でのコード記譜にする

　Band-in-a-Boxは、ローマ数字でのコード記譜法に対応しています。
　インプロバイズやコード進行の勉強をしたり、学術的な研究をするなど、教材としても幅広く活用することができるでしょう。
　コード記譜を切り替えるには、ツールバーの【コード表示】ボタン をクリックし「コード記譜法を切り替え」から任意の記譜表記を選びます。

コード記譜法の「ローマ数字記譜」を選択

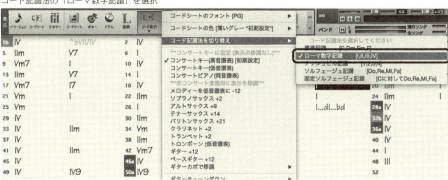

記譜ごとの表記
●標準記譜

●ローマ数字記譜

●ナッシュビル記譜

●ノーテーションウィンドウでのソルフェージュ記譜

プッシュ（アンティシペーション）や ブレイクの記号を非表示にする

プッシュ（アンティシペーション）やブレイクの記号は、一般的な楽譜では使われない、Band-in-a-Box独自の記号です。コードシート上で表示しないようにもできます。

[手順]

1）「Band-in-a-Box」メニューから「環境設定」を選択して「環境設定」を開く。
2）「プッシュ／ブレイク記号を表示する」からチェックをはずす（①）。

これで、これらの記号は表示されなくなります。
記号は表示するが、色付けが不要な場合は、「プッシュ／ブレイクをカラーで表示する」のチェックをはずします（②）。

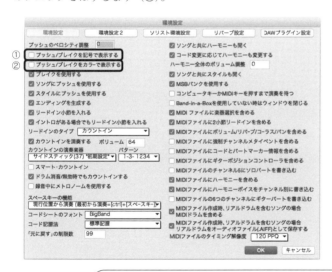

♪ヒント

記号を表示したいのに、表示されない場合は？
「コードシートの表示オプション」の「プッシュ／ブレイクを表示する」にチェックが付いていても、「コードのフォント」に「ジャズコード記号」を選択していると、コードシート上にプッシュ／ブレイク記号は表示されません。表示したい場合は、デフォルトの「BigBand」を選ぶか、他のフォントを試しましょう。

解説！
パートマーカーについて

　Band-in-a-Boxのスタイルには、サブスタイルと呼ばれるいくつかのパターンが含まれています。

　これにより、1つのスタイル内でも、イントロではサブスタイルによりライドシンバルが鳴る、サビはサブスタイルでランニングベースになる、など多彩な演奏（アレンジ）がおこなわれるのです。

　パートマーカーは、このサブスタイルの切り替え指定に使われます。

　また、パートマーカーの1小節前ではドラムフィルインが演奏されるので、フィルインの指定にも利用できます。
※ スタイルによっては、1小節前ではない場合もあります。

□パートマーカーを付ける

　コードシートの小節数部分を、青色で表示されるサブスタイルaや、緑色のサブスタイルb、などに切り替えることで、どのサブスタイルで演奏（アレンジ）するかを指定します。

図では1小節目に「a」（青色）、9小節目に「b」（緑色）のパートマーカーが付いています

　パートマーカーを追加・変更するには、小節番号をクリックするか、小節を選んでおいてパソコンキーボードの P キーを押します。クリックや P キーを押すたびにサブスタイルが切り替わります。

　パートマーカーの上で右クリックして、サブスタイルの定義をおこなうこともできます。

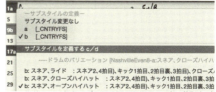

□ ミドルコーラスでのサブスタイルの使用

初期設定では、コーラスが複数ある場合は、ミドルコーラスはサブスタイルbで演奏（アレンジ）されるように設定されています。

「現行ソングの設定」に「ミドルコーラスではサブスタイルbで演奏する」という項目があるので、目的によって切り替えましょう。

「現行ソングの設定」を開くには、タイトルエリアの【ソング設定】ボタンをクリックします。

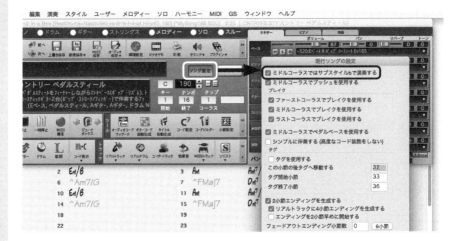

□ フィルインの場所指定にパートマーカーを使う

パートマーカーの前の小節では、スタイルが自然に切り替わるようにドラムのフィルインが入ります。これを利用すれば、好きな場所でフィルインさせることもできます。

ただし、多用すると演奏が不自然になることもあるので、使い方には注意が必要です。

上級編① | コードシートの作成

1小節で4回コードチェンジさせる

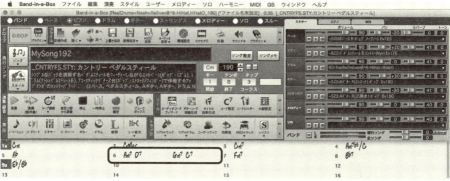

コードシートでは、1小節あたり最大4つのコードを入力できる

「,（コンマ）」を使った入力

コード入力時に、「c,f」のようにコードを「,（コンマ）」で区切ると1つのセルにコードを2つ入れられます。

1小節に最大4つまでコードを入力できます。

> ♪ヒント
> テンキーは、コード入力時に認識しない場合があるので、必ずメインキーボードの,キーを使用します。

コードビルダーを使った入力

コードを入力する小節（セル）で右クリックして「コードビルダー」を開きます。

コードビルダーでは、「小節」「拍」で指定した箇所に、ルート、エクステンションなどを選択してコードを入力できます。

このとき、「拍」に「2」や「4」を入力すると、2拍目や4拍目にもコードを入力することができます。

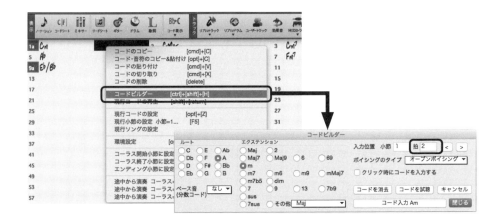

ポイント

　【<】や【>】ボタンで入力対象のセルを移動すると、1拍目と3拍目にしか入力できません。「拍」に直接「2」か「4」を入力してから、ルートやエクステンションを選択するのがポイントです。

> ♪ヒント
>
> 　【コードを試聴する】ボタンをクリックすると、作成中のコードを試聴できます。
> 　コードビルダー内でラジオボタンをクリックするとすぐにコードシートに反映されるのが煩わしい場合は、「クリック時にコードを入力する」のチェックをはずします。
> 　ブレイクやプッシュの設定は、コードビルダーではなく「現行コードの設定」でおこないます。

"くって" コードチェンジ（プッシュ）

拍に合わせてコードを演奏するのではなく、少し先行してコードを弾くことを"プッシュ"（または"アンティシペーション"）といい、日本語では「くう」ということもあります。

「プッシュ」は、以前まで「アンティシペーション」と呼ばれていました。どちらも同じものを指します。シンコペーションも同様です。

プッシュ（アンティシペーション）の指定

プッシュさせるには、入力するコードの先頭に「^（キャレット）」を入力します。

例として、次の図のようにコードシートを入力してみましょう。2小節目のコードは「^g7」と入力します。

これで、2小節目のG7は、8分音符分先行してコードが切り替わります。

「^^g7」のように、「^（キャレット）」を2つ入力すると、16分音符分プッシュします。

「現行コードの設定」でのプッシュの指定

プッシュは「現行コードの設定」ダイアログでも設定できます。

「現行コードの設定」ダイアログを開くには、入力したコードの上で右クリックします（①）。

「現行コードの設定」を選び（②）、「現行コードの設定」ダイアログを開いたら、「プッシュ」の「8分音符」または「16分音符」を選択します（③）。

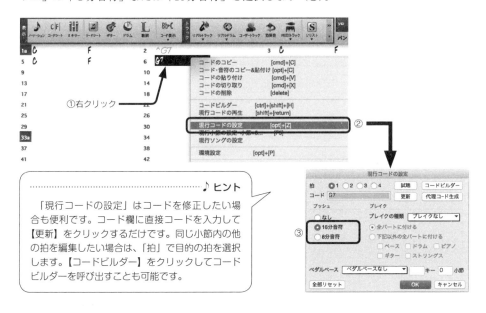

♪ヒント
「現行コードの設定」はコードを修正したい場合も便利です。コード欄に直接コードを入力して【更新】をクリックするだけです。同じ小節内の他の拍を編集したい場合は、「拍」で目的の拍を選択します。【コードビルダー】をクリックしてコードビルダーを呼び出すことも可能です。

プッシュの詳細設定

● プッシュが不自然だと感じたら（MIDIパートの場合）

プッシュの音量（ベロシティ）を設定することで、アクセント効果を調整してみましょう。

「Band-in-a-Box」メニューから「環境設定」を選択して開き、「プッシュのベロシティ調整」に値を入力します。

上級編①｜コードシートの作成

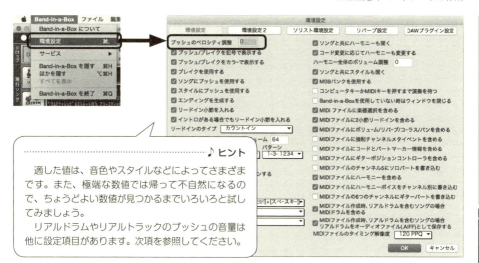

♪ヒント

　適した値は、音色やスタイルなどによってさまざまです。また、極端な数値では帰って不自然になるので、ちょうどよい数値が見つかるまでいろいろと試してみましょう。
　リアルドラムやリアルトラックのプッシュの音量は他に設定項目があります。次項を参照してください。

● ドラムパートのプッシュ音量を調整

　リアルドラムのプッシュ（アンティシペーション）が他のパートと比べて音量バランスが悪い場合は、「リアルドラム設定」ダイアログの「プッシュ調整」で調整できます。

　ツールバーの【リアルドラム】ボタン をクリックして（①）、「リアルドラム設定ダイアログ」を選択します（②）。
　「リアルドラム設定」ダイアログが開いたら、「プッシュのボリューム調整」に数値を入力して音量を調整します（③）。ここには、「10」や「-5」など、正負の数値を入力することができます。

※ スタイルによっては、スタイル設定にプッシュのベロシティ値が組み込まれており優先されます。その場合、ここでの設定は反映されません。

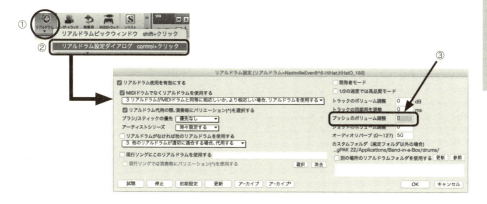

●リアルトラックのプッシュ音量を調整

リアルトラックでのプッシュの音量調整は「リアルトラック設定」ダイアログで可能です。前述のリアルドラムでのプッシュ調整と同じ要領でおこなえます。

ツールバーの【リアルトラック】ボタン (①) をクリックして「リアルトラック設定」ダイアログを選択します。(②)

ダイアログが開いたら「プッシュ調整」に数値を入力します (③)。

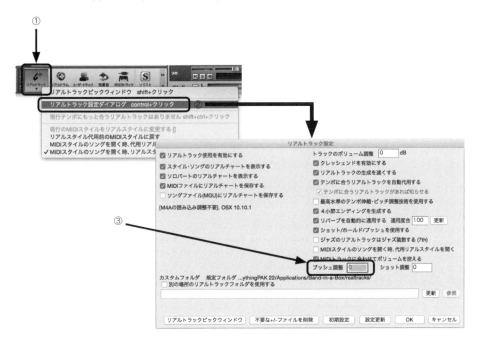

●プッシュの使用／不使用を設定

プッシュをソングやスタイルから省く設定にもできます。「Band-in-a-Box」メニューから「環境設定」を選択してを開き、「ソングにプッシュを使用する」「スタイルにプッシュを使用する」のチェックをそれぞれはずします。

上級編① | コードシートの作成

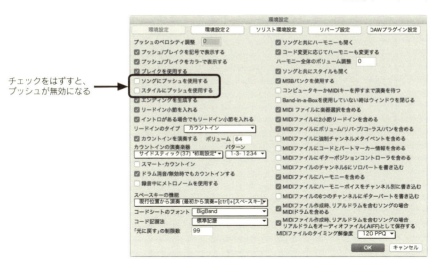

チェックをはずすと、プッシュが無効になる

ミドルコーラスでのプッシュの使用／不使用

「現行ソングの設定」ダイアログでは、ミドルコーラスでプッシュさせない設定ができます。ミドルコーラスではソロ演奏するので、プッシュは1stコーラスと3rdコーラスだけでいい、という場合などに便利です。

「現行ソングの設定」ダイアログを開くには、タイトルエリアの【ソング設定】ボタンをクリックします。

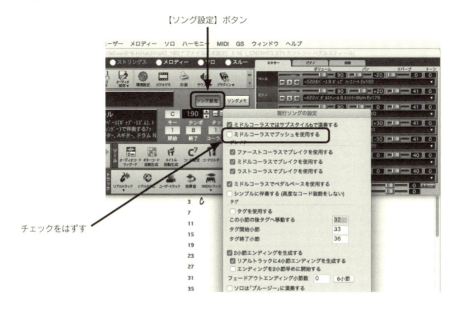

チェックをはずす

ブレイク・フィルイン

　曲の途中で全員が一斉に演奏をストップすることをブレイクといいます。聴衆をハッ！とさせられるので、部分的に用いるととても効果的です。ジャズなどでは、ソロ前の小節で全員が一斉にブレイクして、アドリブ演奏へ導くといった演出がよくあります。

　また、AメロからBメロへ、サビへ、など、セクションが変わる際に、ドラムがフィルインすると、より効果的な演奏になります。

ブレイクの種類

　ブレイクには「休止」「ショット」「ホールドコード」の3つのパターンが用意されています。コードの後ろに「．（ピリオド）」を付けることでブレイクを指定し、「．（ピリオド）」の数でブレイクの種類を指定します。
　また、ドラムだけはブレイクしないなど、楽器ごとにブレイクの指定をすることができます。

●休止：「．」ピリオドを1つ付けます

　休止を指定すると演奏を休みます。完全な無音が欲しい場合などに用います。次のコードが指定されるまで無音が続きます。

●ショット：「．．」ピリオドを2つ付けます

　ショットの付いたコードでは、そのコードの拍頭で音符を短く演奏したあとに休止します。いわゆるキメの音符を短く演奏してからブレイクする場合に用いると効果的です。

●ホールドコード：「．．．」ピリオドを3つ付けます

　ホールドコードの付いたコードでは、次にコードが指定されるまでコード音が保持され長く演奏されます。

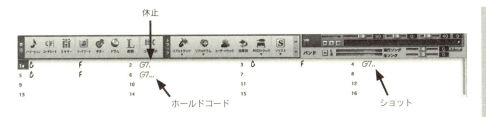

楽器ごとのブレイクの指定

「.（ピリオド）」に続いて楽器を指定すると、指定楽器はブレイクをしないようにできます。例えば、ブレイクでドラムだけは演奏を続けるなどの演奏に用いると効果的です。

ブレイクさせない楽器を頭文字で入力します。複数の楽器を指定できます。

b：ベース
d：ドラム
p：ピアノ
g：ギター
s：ストリングス

【使用例：コード「C」の場合】
C.	：すべての楽器が休止
C..	：すべての楽器がショット
C.g	：ギター以外が休止
C..dsp	：ドラム、ストリングス、ピアノ以外がショット
C...bg	：ベースとギター以外がホールドコード

次の図のようにコードを入力して、演奏を聞き比べると、ブレイクの種類ごとのパターンや、ブレイクさせない楽器の指定方法を理解するのに役立つでしょう。

※効果がわかりやすいロックなどのスタイルがおすすめです。例では、ポップロックの「ドリームポップロック」を選んでいます。

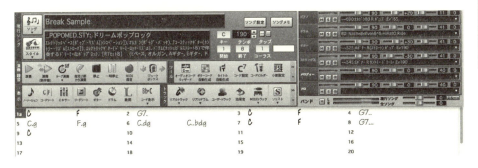

「現行コードの設定」ダイアログでのブレイク指定

セルへ直接入力する方法以外に、「現行コードの設定」ダイアログでブレイクを指定することもできます。

ブレイクを指定する小節の上で右クリックして（①）、「現行コードの設定」ダイアログを開きます（②）。

まず「拍位置」でブレイクを設定する拍を選び（③）、次に「ブレイクの種類」をプルダウンメニューから選びます（④）。

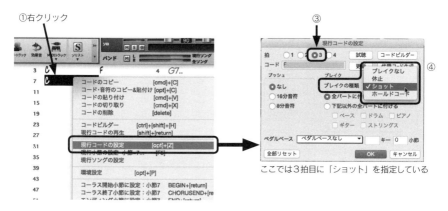

ここでは3拍目に「ショット」を指定している

ブレイクさせないパートがある場合は、「下記以外の全パートに付ける」のラジオボタンにチェックを入れて、ブレイクさせないパートにチェックします（⑤）。

> ♪ ヒント
> **ブレイクは楽譜上でどのように表記されているの？**
> 楽譜では、ブレイクが「Break」や「G.P.」（グランドポーズ、ゲネラルパウゼ）などのように明確に指定されていることもあります。もととなる楽譜がある場合は、指定されたブレイクに合うパターンをいろいろ探してみましょう！

「OK」をクリックして完了します。

フィルインの設定

　コードシート上の小節番号にパートマーカーを入れると、その1つ前の小節でドラムフィルインが演奏されます。
　パートマーカーは、セクションの最初の小節に付けるのが一般的ですが、これを利用すれば、ドラムにフィルインの演奏箇所を指定することも可能です。
　パートマーカーに関しては、「パートマーカーについて」で詳しく解説しています。

➡ 📖 「解説！ パートマーカーについて」（93ページ）参照

反復記号の対処は「ソング形式の作成」で

手持ちの楽譜などを参考にしてコードシートを作成していると、反復記号（リピートやD.S.、コーダなど）への対処が必要な場合があります。「ソング形式の作成」機能を使えば、ソングのシートに入力されたコードを小節単位で区分して、好きな順序に並べ替えることができます。

イントロをA、AメロをB、サビはC、エンディングはDなどのように設定しておき、「ＡＢＢＣＢＣＣＤ」のように、区分を並び替えてソング構成を作成できます。

|準備|

もととなるコード進行を入力しておきます。

|手順|

A、B、C……と区分を作成してから全体の構成を一気に書き換えます。

1）ツールバーの【ソング構成】ボタン 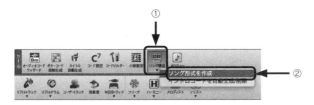 をクリックし（①）「ソング形式を作成」を選択（②）。
「ソング形式の作成」ダイアログが開く。

2）区分ごとの開始小節と、その区分が何小節分かを指定（③）。
3）「区分の並べ方」に、指定した区分を演奏したい順序に入力する（④）。
4）【ソング形式を作成】ボタンをクリック（⑤）。

上級編①｜コードシートの作成

コードシートが書き換えられる。

書き換えられたあとのコードシート

5)「閉じる」（上図⑥）で「ソング形式の作成」ダイアログを閉じる。
6) 設定通りに再生されることを確認。

【注意】
　コードシートの書き換えが完了しても「ソング形式の作成」ダイアログは開いたままになっています。【元に戻す】ボタンをクリックすると、コードシートをもとに戻すことができます。
　ただし、何度かこの画面の開閉をおこなうと、ボタンがグレーアウトして戻せなくなります。いろんなパターンを試したい場合などは、もととなるソングを別途保存しておくなどの対策をしておきましょう。

　なお、リピート時には少しコードを変更したい場合や、ギター以外はブレイクする、など変更が伴う場合は、形式が作成されたあとにそれぞれ編集しましょう。もしくは別のコード区分として作成します。
　ややこしくなってしまう場合は、いっそのこと、コピーなどを駆使して、すべてのコード進行を順番に入力してしまうのも1つの手です。

曲途中での各種変更は「現行小節の設定」で
(テンポ / 拍子 / スタイル / リアルトラックなど)

「現行小節の設定」ダイアログを利用すると、テンポや拍子、スタイル他、以下の項目などをソングの途中小節からでも変更することが可能になります。具体的な操作は次の「手順」を参照してください。

○ テンポ変更・拍子変更
○ パートごとの消音や音量調整
○ 楽器の変更
○ スタイルの変更
○ リアルトラックの変更　　　など……

|手順|

1) 設定する小節をクリックして選択。
2) [F5]キーを押すか、小節上で右クリックから「現行小節の設定」を開く。
3) 各種設定をして「OK」をクリックして閉じる。

以下の図では、テンポ、キー、スタイル、ドラムの消音、ギターの音色変更、リアルトラックの指定、メロディーハーモニーの変更などを指定しています。

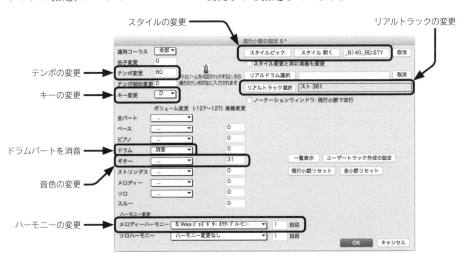

上級編① | コードシートの作成

ソング途中でのスタイルの変更

　ソング途中でスタイルを変更する方法はいくつかありますが、簡単に変更できる「現行小節の設定」ダイアログでの設定を紹介します。「現行小節の設定」を使うと、スタイルの途中変更も簡単です。

手順

1) スタイルを変更する小節上で右クリックし「現行小節の設定」を選択。
   「現行小節の設定」ダイアログが開く。
   （小節を選択して F5 キーを押すか、またはツールバーの【小節設定】ボタン をクリックしても同じです。）
2) 【スタイルピック】ボタンをクリックしてウィンドウを開く。

【スタイルピック】ボタン

3) 変更したいスタイルを選択して「OK」をクリックして閉じる

> ♪ ヒント
>
> **スタイル探しの効率がアップするTIPS**
> 　「スタイルピックウィンドウ」内ではダブルクリックでそのスタイルのデモ演奏を聴けますが、作成中のコード進行でどのように演奏されるかも聴いてみたいものです。しかし小節数の多いソングでは、スタイルを切り替えるたびに生成時間を待たねばならず、「パパッとたくさんのスタイルを聴き比べたいのに〜……」となることもしばしばです。
> 　そんなときは、タイトルエリアで仮に終了小節を4小節くらいに設定して、コーラス数も1にしてみましょう。生成時間をグッと短縮できます。
> 　スタイルが決まったら、終了小節やコーラス数をもとに戻すことをお忘れなく。

ソング全体の「現行小節の設定」を一覧で表示させる

「現行小節の設定」がソング全体でどのように設定されているかを把握するのは大変でしたが、Ver.21以降は一覧で表示できるようになりました。何小節目にどんな設定情報が入っているのかがひと目でわかるので、ソングの構成や管理にも役立つでしょう。

> 手順

1) **F5** キーを押すか、任意の小節上で右クリックから「現行小節の設定」を開く。
2) 「現行小節の設定」ダイアログで【一覧表示】ボタン（①）をクリック。

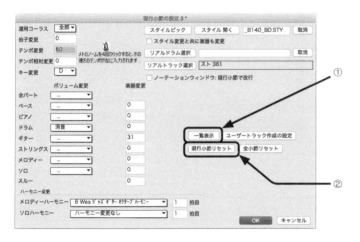

「現行小節の設定」をおこなった小節は、小節番号が赤枠で囲まれます。

設定をリセットするには、再度「現行小節の設定」ダイアログを開き、「現行小節リセット」（上図②）をクリックします。

上級編②
演奏を自在に操る

メロディーやソロに自動でハーモニーを付ける

ハーモニー機能を活用すれば、メロディーパートやスルー／ソロパートのメロディーにハーモニーを加えることができます。

あらかじめ入力されたMIDIメロディーにハーモニーを付けたり、MIDIキーボードでの演奏にリアルタイムでハーモニーを付けるなど、サウンドをより豊かにしてくれることでしょう。

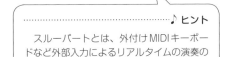

♪ヒント

スルーパートとは、外付けMIDIキーボードなど外部入力によるリアルタイムの演奏のことです。

ハーモニーの基本操作

まず、「ハーモニー」メニューから「メロディーハーモニー選択」か「スルー／ソロハーモニー選択」を選びます。「メロディーハーモニー選択」ダイアログが開き、ハーモニーごとの特長が記されたメモを見ながら、ハーモニーを選べます。ハーモニーを選んだら演奏してみましょう。

「メロディーハーモニー」では、メロディーパートに入力されている音符にハーモニーが付いて演奏されるようになります。

※ あらかじめメロディーパートにはデータを入力しておきましょう。

「スルー／ソロハーモニー」では、ソロもしくはスルーパートにハーモニーが反映されます。

※ MIDI鍵盤で演奏してリアルタイムにハーモニーを付けることも可能です。

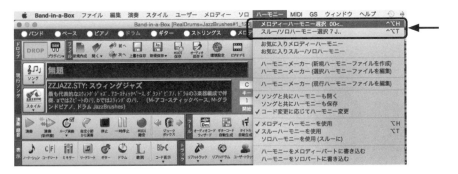

ハーモニーをメロディーパートに書き込む

　ハーモニーはリアルタイムで生成されて演奏されますが、パートに書き込むことで、音色を変更したり、ノーテーションウィンドウに表示できるようになります。

> 手順

1）「ハーモニー」メニュー＞「ハーモニーをメロディーパートに書き込む」を選択。
2）「質問」画面のメッセージを確認し「はい」をクリック。
3）「メッセージ」画面を確認して「OK」をクリック。

　ハーモニーの響きをノーテーションウィンドウで確認する場合や、パートの楽器を変更してももとに戻ってしまう場合などに有効です。
※ ハーモニーに楽器情報が含まれるので、楽器を変更しても反映されない場合があるのを解消できます。

メロディートラックの音符にハーモニーが付いた

　なお、書き出し後は、自動でハーモニーが「0〈ハーモニーなし〉」に変更されます。これは、書き出したハーモニーに二重にハーモニーを付けないようにする措置です。

演奏に変化を付けて実用的な伴奏を作成

歌の伴奏やジャズスタンダードの練習用ソングなど、実用的な伴奏を作るのに便利な機能を紹介します。目的に合った伴奏を作るための参考としてください。

サブスタイルの指定、シンプルに伴奏する

タイトルエリアの【ソング設定】ボタンをクリックして（①）「現行ソングの設定」ダイアログを開くと、バリエーションやエンディングなど演奏内容に関する設定をおこなえます。

例えば、「ミドルコーラスではサブスタイルbで演奏する」にチェックを入れると（②）、ミドルコーラスでサブスタイルに切り替わります。これは、3コーラスの曲で、2コーラス目を楽器のソロ演奏にする場合などにとても効果的です。

「シンプルに伴奏する（高度なコード装飾をしない）」のチェックをはずすと（③）、CやF、Amなどの単純なコードも、テンションなどを加えてジャズらしい響きになるように演奏されます。ポップスなどで、ジャズ風の装飾がいらないのであれば、チェックを入れておきましょう。

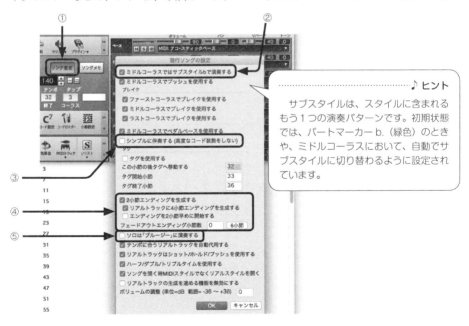

♪ヒント

サブスタイルは、スタイルに含まれるもう1つの演奏パターンです。初期状態では、パートマーカー b.（緑色）のときや、ミドルコーラスにおいて、自動でサブスタイルに切り替わるように設定されています。

「2小節エンディングを生成する」にチェックを入れるとエンディングが作成されます（右図④）。設定によっては、4小節エンディングにしたりフェードアウトさせることも可能です。

エンディングは「終了小節」として指定した小節の後ろに追加されます。コードシートにコードを指定すればエンディング内でもコードチェンジは可能です。

「フェードアウトエンディング小節数」を指定すると、終了小節へ向かってフェードアウトするエンディングとなります。

※となりの【6小節】ボタンは、フェードアウトに適した6小節の値がセットされるプリセットボタンです。数値を手入力してもかまいません。

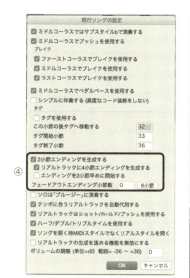

少しコツが必要な面もありますが、エンディングの生成に影響する設定とその動作を把握しておくと、エンディングのバリエーションが増えることでしょう。

また、自動エンディングを使用しないという手段もあります。以下の図では、もととなる曲では32小節が最終小節なのですが、その後エンディングのコード進行を展開してブレイクやホールドしつつ36小節目で終了するようにシートを作成しています。その際、あえてエンディングを使用しないように設定することで思い通りのエンディングを演奏するデータとなっています。

自動エンディングを使用せずにエンディングを演奏させる例

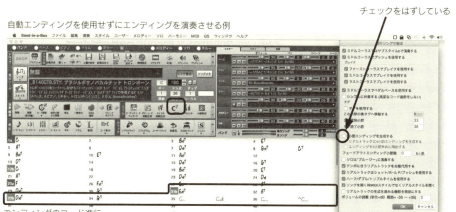

エンディングのコード進行

「ソロはブルージーに演奏する」にチェックを入れると（右図⑤）、ブルージーな演奏に対応したリアルトラックのソロで、セブンスコードを使ったブルースなどに適した演奏になります。同様にハーフ、ダブル、トリプルなどソロのタイム感を変化させる機能のオンオフもおこなえます。

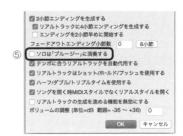

⑤

♪ ヒント

リアルトラックをシンプルに演奏させるには、リアルトラック選択時に「シンプル」のチェックを入れます。シンプル演奏に対応しているリアルトラックにのみ有効です。
※シンプルとは、テンションで装飾せず（ジャズアップせず）演奏することです。
「ソロはブルージーに演奏する」は、ソロタイプのリアルトラックにのみ有効です。またリアルトラック選択時に「ブルージー」にチェックを入れます。
それぞれリアルトラックピックウィンドウで確認しましょう

ブルージーな演奏はソロタイプのみ有効　　　　　　シンプル版に対応したスタイル

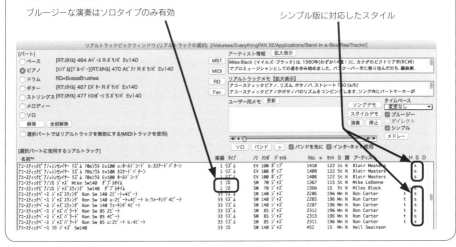

演奏させる楽器を指定する

もしもあなたがピアノの弾き語りをしたいのなら、自動生成されるピアノパートは不要かもしれません。演奏させたくないパートは、ミュートするとよいでしょう。

ミキサーウィンドウで【M（ミュート）】ボタンをクリックします。

【M】（ミュートボタン）をオンにする

上級編②｜演奏を自在に操る

自分のキーに合うように移調したい

　キーが合わないから……と、好きなスタンダードナンバーをあきらめることはありません。Band-in-a-Boxなら簡単に移調することができます。もちろんコード表記も自動的に移調後のコードへと切り替わります。

　移調するには、タイトルエリアのキー（調）をクリックして、プルダウンメニューから、移調したいキーを選択します。ここでは、Cの曲を1音上のDに移調してみましょう。

　タイトルエリアの「C」と表示された部分をクリックし（①）、リスト左側の「キー変更＋移調」の「D」を選択します（②）。

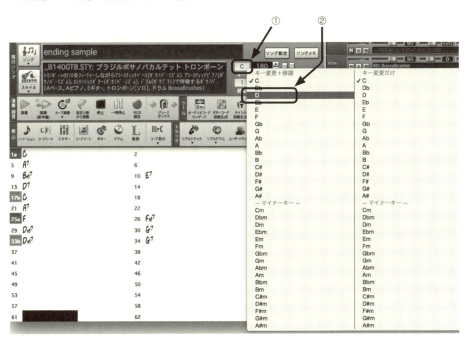

　以上で作業は完了です。とても簡単ですね。
　演奏を聞いて移調されたことを確認しましょう（次ページ図参照）。

117

1音上のDに移調されました

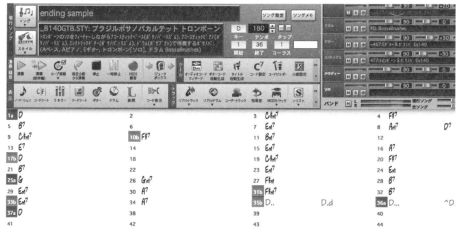

移調させる際のポイントは、ソングのキー（調）設定をあらかじめ正しく設定しておくことです。詳しくは「移調する場合はキー設定しておくことが大切」を参照してください。

→ 「解説！　移調する場合はキー設定しておくことが大切」（119 ページ）参照

● コードは移調せず、キー設定のみ変更する

キー（調）設定を変更する際、リスト右側の「キー変更だけ」の選択肢から選択すると、キー設定の表示だけが変更され、コードシートの内容は移調されません。あとからキー設定だけを変更する場合などに有用です。

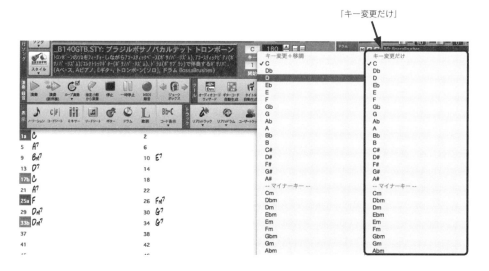

解説！
移調する場合はキー設定しておくことが大切

　キー（調）の設定は、新規ソング作成時にあらかじめ設定しておくべきものです。

　キー設定しないと、Band-in-a-Box は初期設定のＣメジャー（ハ長調）と認識します。これではＣメジャー以外の曲では キー（調）の設定機能がうまく働きません。

　コードシートにコードを入力する前の段階で、正しいキー（調）を選択しておきましょう。

　次の表は、調号からキーを判定する目安の一覧表です。

調号（♯や♭の数）からキーを判定する目安

調号	キー	調号	キー
（なし）	Cメジャー、Aマイナー	♯	Gメジャー、Eマイナー
♭	Fメジャー、Dマイナー	♯♯	Dメジャー、Bマイナー
♭♭	B♭メジャー、Gマイナー	♯♯♯	Aメジャー、F♯マイナー
♭♭♭	E♭メジャー、Cマイナー	♯♯♯♯	Eメジャー、C♯マイナー
♭♭♭♭	A♭メジャー、Fマイナー	♯♯♯♯♯	Bメジャー、G♯マイナー
♭♭♭♭♭	D♭メジャー、B♭マイナー	♯♯♯♯♯♯	F♯メジャー、D♯マイナー
♭♭♭♭♭♭	G♭メジャー、E♭マイナー		

　思った通りに移調できなかった場合などは、移調前の時点で、正しく調の設定がおこなわれていたかどうかを確認しましょう。

　「編集」メニューの「元に戻す 移調」で、移調前の状態に戻します。

　うまくいかなかったからといって、もとのキーに戻そうと「キー（調）」設定でさらに変更すると、どんどん設定がおかしくなってしまう恐れがあります。

サックスやトランペットは移調楽器なのでコードは inE♭ や inB♭ で表記したい

　ピアニストの楽譜に「Cm」のコードが書かれている場合、同じ音を演奏してもらうためにはアルトサックスプレイヤーには「Am」、トランペッターには「Dm」のコードを書かなければいけません。このように、実際に聞こえるキーと異なるキーの楽譜が必要な楽器を「移調楽器」といいます。

　移調楽器の表記は、ツールバーの【コード表示】ボタン から簡単に切り替えられます。

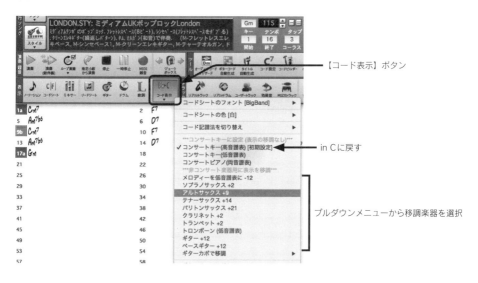

　上の図は、キー（調号）がGmの曲をアルトサックス用（in E♭）に切り替えているところです。次図が変更後のコードシートです。

　上図では1小節目のCm7からはじまっていますが、変更後はAm7からはじまるように全体的に移調表記されています。

　この作業で切り替わるのは「コード表記」だけで、Band-in-a-Boxが演奏する音は変化しません。曲を移調したのではなく、移調楽器のプレイヤー用にコード表記をシフトしているだけなのです。

　【演奏】ボタン で再生すると演奏されるキーはもとのGm（1小節目がCm7からはじまる）のままであることがわかります。

上級編② | 演奏を自在に操る

アルトサックス（in E♭）用に変更されたコードシート

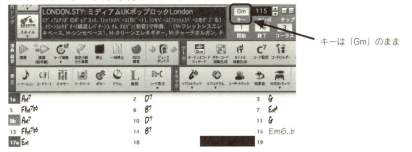

キーは「Gm」のまま

1a A♯m7	2 D7	3 G	4
5 F♯m7♭5	6 B7	7 Em♭	8
9b A♯m7	10 D7	11 G	12
13 F♯m7♭5	14 B7	15 Em6..♭	16
17a Em	18	19	20

　もとの表記（ピアノなどin Cの楽器用の表記）に戻すには「コンサートキー（高音譜表記）［初期設定］」を選択します。

　なお、ノーテーションウィンドウで楽譜を表示できるパートでは、音符も同時に移調されます。ソロ／メロディーパートに入力したMIDIデータや、アーティストパフォーマンスデータのソロパートなども移調楽器用に表示できるので便利です。

ノーテーションウィンドウでも移調楽器の表記が適用される
●もとのノーテーションデータ（in C）

●アルトサックス用の表記（in E♭）にした場合

●トランペット用の表記（in B♭）にした場合

「指定分で移調」から希望する移調度を選択すれば、特殊な設定も可能です。前述のアルトサックス（E♭楽器）が「＋9」、トランペット（B♭楽器）が「＋2」といった例を参考にすると希望する設定の数値を考えるに役立つでしょう。

移調表記のカスタマイズも可能

4バース（トレード4）に慣れたい、ソロフレーズを触発されるような掛け合いの相手が欲しい

ソリスト機能を使って、4小節ごとのリアルトラックを生成しましょう。4小節ごとに掛け合うように演奏し、あなたの演奏を触発してくれます。

【ソリスト】ボタン をクリックして（①）、「「ソリスト選択」ダイアログでMIDI／リアルトラックソリストを選択」を選びます（②）。

ダイアログが開いたら任意のソリスト名を選びます。ここでは、「458 Tサックス ソロ ジャズ Sw140拡張版」を選びました（③）。

次に、「ソロモード」枠内の「トレード」にチェックを入れます（④）。

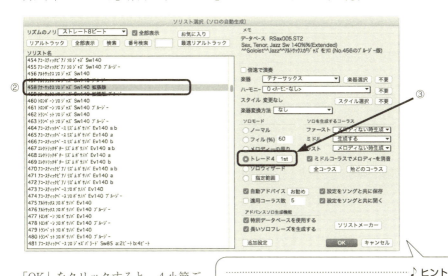

「OK」をクリックすると、4小節ごとの掛け合いができるようにリアルトラックが生成されます。

♪ヒント
「トレード」右の【1st】ボタンをクリックすると、【2nd】に切り替わり、自分とリアルトラックのどちらが先に演奏するかを決められます。

代理コードに置き換える

代理コードウィザードを使うと、自動で代理コードに置き換えてくれます。

例えば、「Dm7　G7　Cmaj7」を裏コードを含む「Dm7　D♭7♭5　Cmaj7」に置き換えるなど、代理コードに置き換えることで、新しい何かが見えてくるかもしれません。また、おなじみのスタンダードナンバーも斬新なアプローチで練習できるのではないでしょうか。

> 手順

1）代理コードに変更したい小節（コードパターンの先頭小節）を選択。
2）「ユーザー」メニューから「代理コード生成（選択）」か「代理コード生成（自動）」を選択。

「代理コード生成（選択）」
リストアップされた候補からお好みの代理コードを選べます。
「代理コード生成（自動）」
ソング全体、もしくは選択範囲のコードが、自動で代理コードへと置き換えられます。

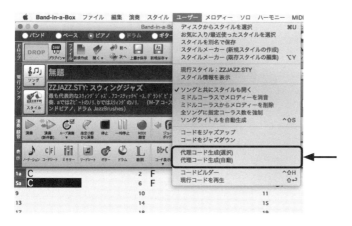

3）設定を確認して【代理コード進行を生成】ボタンをクリック。

上級編②｜演奏を自在に操る

以上の操作で、各種設定を反映して代理コードへと置き換えられます。

各種設定はお好みで変更してみましょう。選択式の場合は、例えば、代理コードのタイプ（①）に「最適な代理コード」を選択すると、違和感のない厳選された代理コードがリストアップされ、「ほとんどの代理コード」なら斬新なものを含め豊富なバリエーションが表示されます。「ジャズ」（②）のチェックをはずすと、テンション系のコードは除外されるなど、生成に関する項目が用意されています。

なお、処理は4小節単位でおこなわれ、対象となる先頭小節が右上に表示されており（③）、プルダウンから変更することも可能です。作業が終わったら、画面右上の【＋4】ボタン（④）をクリックすると、次の4小節へと移動します。

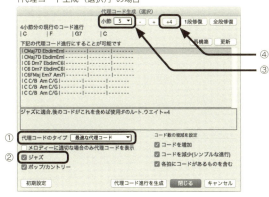

自動の場合も同様の設定項目があり、それぞれの設定にしたがって自動で代理コードが選ばれます。

125

コードに合う音階を表示させる

　各コードで、どのような音階を使用できるかがわかると、ソロを考えたり、練習するのに大変勉強になることでしょう。
　Band-in-a-Boxでは、コードに適した音階を生成し、ノーテーションウィンドウやギターウィンドウで表示することができます。

　「ソロ」メニュー＞「ソロを編集」＞「ユーティリティー」＞「音階を生成（Y）」を選んで（①）、「音階の生成」ダイアログを開きます。
　【音階を生成】ボタンをクリックすると（②）、ソロパートに音階が書き込まれます。

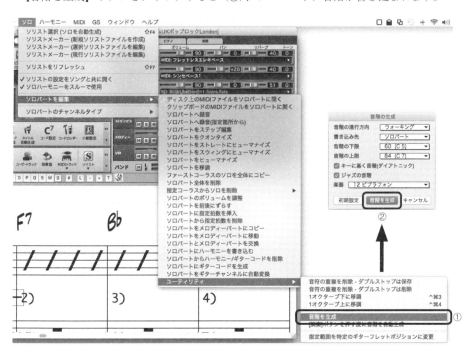

　書き込まれた音階を、ノーテーションウィンドウで楽譜として見てみましょう。
　【ノーテーション】ボタン♪をクリックして、ノーテーションウィンドウを開きます。

ウィンドウ内の【S】ボタンをクリックしてソロパートを表示すると（③）、生成された音階が表示されます。

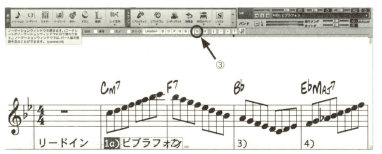

♪ヒント

生成される音階の音域やパターンは指定可能です。

音域の指定

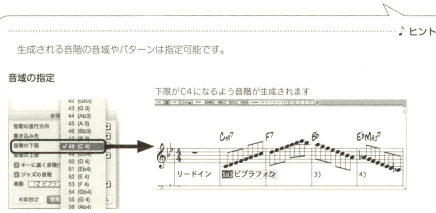

下限がC4になるよう音階が生成されます

パターンの指定

音階の進行方向で「上昇」「ウォーキング」2つのパターンを選べます。

上昇形の音階

ウォーキングパターンの音階

もちろん、演奏すれば音階が演奏されます。

ミキサーウィンドウ内【ピアノ】タブでは、鍵盤に演奏中の音がグラフィカルに表示されます。

「ウィンドウ」メニュー＞「ギターウィンドウ」を選択して「ギターウィンドウ」を開いておくと、ギターでのポジションも確認できます。

※ギターウィンドウの【S】ボタンをクリックして（⑤）、ソロパートを表示させておきます。

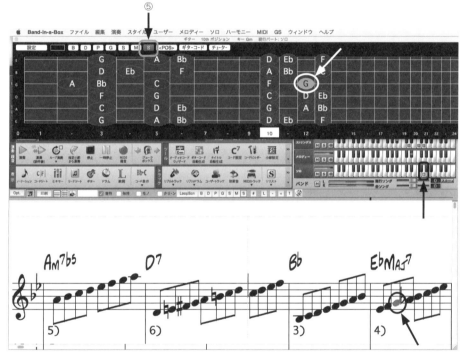

リアルタイムで音を確認できる

上級編② | 演奏を自在に操る

「練習用テンポ」ダイアログ

「練習用テンポ」では、ソングを繰り返すたびにテンポを少しずつアップさせる、といったことが可能です。この機能を使えば、何度も繰り返し練習するうちに、いつのまにか速いテンポでも演奏ができるようになる！　といった訓練にも活用できます。

　例えば、テンポ60でスタートして、繰り返すたびにテンポが5ずつアップしていき、もとよりもテンポが50速くなったら（110になったら）今度は下がっていく、という設定にしてみましょう。

手順

1）ツールバー「ファイル」エリアの【練習】ボタン  をクリック。

※ ディスプレイの表示領域が狭い場合は隠されています。右の「>>」をクリックすると【練習】ボタンがあるのでクリックし「練習用テンポダイアログを設定」を選択します。

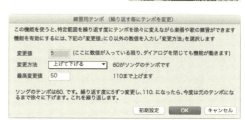

2）「練習用テンポ」ダイアログの「変更値（単位bpm）」に「5」を入力
3）変更方法に「上げて下げる」を設定
4）「最高変更値」に「50」を入力
5）「OK」をクリックして閉じる

　【演奏】ボタン をクリックすると、練習用テンポが有効であるメッセージが表示され、演奏が開始します。

練習用テンポが有効です。繰り返す度にテンポが5、ずつ増え、設定数値分を変更した後、同じ割合で減ります。
練習用テンポ機能を無効に切り替えるにはここをクリックしてください。

　練習テンポ機能を無効にするには、その表示をクリックするか、演奏を終了してから「練習用テンポ」ダイアログを再度開き、【初期設定】ボタンをクリックします。

アーティストパフォーマンスで研究

アーティストパフォーマンスとは、メロディーパートに本物のミュージシャンの演奏を組み込んだソングのことです。鑑賞用に再生するのはもちろんのこと、ピアノロールや楽譜で表示して演奏のお手本とすることも可能です。

データの開き方

[手順]

1）【開く】ボタン から「Finderでソングを開く」をクリック。
2）「Band-in-a-Box」フォルダ内の「Artist performance Sets」フォルダの中からお好みのソングを選んで「開く」をクリック。

※ BasicPAKでは1つのフォルダに、MegaPAKでは3つ、EverythingPAKでは5つのフォルダにジャンル分けされた、たくさんのソングが用意されています。

ソングが開いたら【ソングメモ】ボタンをクリックすると、ソングの情報を見ることができます。アーティストパフォーマンスのパートはオレンジで表示されます。

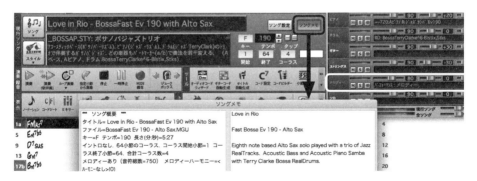

楽譜（データ）を見て学ぶ方法

準備

あらかじめお好みのソングを開いておきます。

手順

1) 【ノーテーション】ボタン♪をクリック。
   コードシートから楽譜表示へと切り替わる。
2) 楽譜を見たいパートのボタンをクリック。

※ 今回は「メロディー」トラックを見るので「M」をクリック。

メロディーパートの楽譜が表示されます。

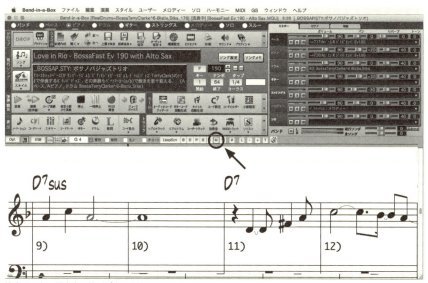

演奏すると、再生中の箇所が赤い音符で示される

········· ♪ヒント

　楽譜は演奏データから生成されています。音符の重なりなどのレイアウトがイマイチであったり、細かい音符が省かれたりするかもしれませんが、完璧な楽譜を期待するよりも、生演奏が楽譜になっているのを見てお手本としてみましょう。
　表示される楽譜は、【印刷】ボタンをクリックすれば、印刷したりPDFへ書き出すこともできます。
　また、ツールバーの【コード表示】ボタンから移調表記を選べば、ギターのソロをアルトサックス用にin E♭で表示することもできます。

メロディーを MIDI で録音する

ソロ／メロディーパートには、MIDI録音することが可能です。外付けMIDI鍵盤でメロディーを録音すれば、ハーモニーを自動生成したり、楽器音色を変更するなど、MIDIパートならではの作業をおこなえます。

> ♪ ヒント
>
> ちなみに、スルーパートはリアルタイム演奏（スルー）に関する設定をおこなうトラックなので、MIDI録音することはできません。
> 例えば、メロディーパートに録音する場合に、スルーパートの楽器をオルガンにすると、録音時はオルガンで演奏されますが、再生時の音色はメロディーパートの楽器設定に従います。録音と再生で音色が違うこともありえますのでしっかりと区別しましょう。

メロディーパートへの MIDI 録音

ツールバーの【MIDI録音】ボタン をクリックして「メロディーパートへの録音」ダイアログを開きます。

ここでは、必要があれば録音開始位置などを設定できます。

※ **小節やコーラスを設定した場合でも、曲の冒頭から演奏され、指定位置まできたら録音が開始されます。**

【録音フィルター】ボタンは、録音する MIDI 情報を調整するものです。通常は初期設定のままでよいでしょう（①）。

【録音開始】ボタンをクリックすると録音がはじまり、伴奏が流れます（②）。伴奏に合わせてMIDIキーボードを演奏してください。

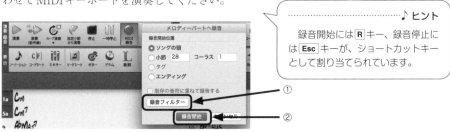

> ♪ ヒント
>
> 録音開始には R キー、録音停止には Esc キーが、ショートカットキーとして割り当てられています。

演奏が終わったら、ツールバーの【停止】ボタンをクリックします。

録音を終了するとダイアログが開くので【録音を採用する】か【録音をやり直す】をクリックします（③）。

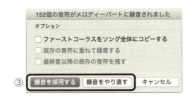

これでメロディーのMIDI録音は完了です。

録音されたパートは、ハーモニーを付けたり、楽器を変更するなど、他のMIDIパートと同様に扱うことが可能です。

♪ ヒント

【MIDI録音】ボタン をクリックした際に、メロディー／ソロ、どちらのパートへ録音するダイアログが開くかは、状況によって異なります。あらかじめ録音したいパートを指定しておきたい場合は、それぞれ以下のメニューからMIDI録音ダイアログを開きましょう。

メロディーパートへの録音：「メロディー」メニュー＞「メロディーパートへ録音」を選択
ソロパートへの録音：「ソロ」メニュー＞「ソロパートを編集」＞「ソロパートへ録音」を選択

録音したMIDIデータを消去

メロディー／ソロトラックへ録音したMIDIデータを消すには、ミキサーウィンドウのパート名を右クリックして「データを消去」をクリックします。

パート名を右クリック

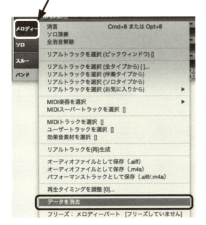

♪ ウィザード共演機能で気楽にメロディー録音
（パソコンキーボードでの録音）

ウィザード共演機能を使うと、パソコンキーボードを演奏するようにタイプしてMIDI録音することができます。

コードに適した音程をパソコンキーボードのキーに割り当ててくれるので、適当にキーを打つだけでも、コードからハズれた音になることはありません。

これなら「鍵盤楽器が苦手！」「メロディーをうまく作れない！」という人でも、気楽にメロディー録音を楽しめます。また、ライブ感あふれる思わぬフレーズが生まれることもあるのでぜひ試してみてください。

ウィザード共演をオンにするには、ツールバーの【MIDI】ボタン から「ウィザード共演機能［有効/無効］」にチェックをいれます（①）。これで、パソコンキーボードの下段2列（②）をタイプすると音が出て演奏や録音ができるようになります。

※ **演奏停止中には音は鳴りません。**

メロディーを録音する手順は、「メロディーパートへのMIDI録音」と同じです。【MIDI録音】ボタン をクリックして（③）「メロディーパートへの録音」ダイアログが開いたら、【録音開始】ボタンをクリックします（④）。

上級編②｜演奏を自在に操る

　録音がはじまったら、パソコンキーボードの下2列のキーを自由に打ってメロディーを演奏しましょう。コードに適した音がリアルタイムで割り当てられるので、ハズれた音を弾く心配はありません。

　演奏が終わったらツールバーの【停止】ボタン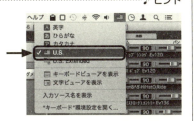で録音を停止するとダイアログが開くので、【録音を採用する】をクリックします（⑤）。

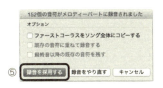

> ♪ ヒント
> 録音された音符は、ウィザード機能によって、タイミングや音の長さ、大きさもソングに合うように自動調整されます。

　【演奏】ボタン を押して、録音されたメロディーを聴いてみましょう。

　ウィザード共演機能については、次項の 「解説！ ウィザード共演機能について」 も参照してください。

> ♪ ヒント
>
> 　ウィザード共演でキーを押しても音が出ない場合は、文字入力モードを「U.S.」にして動作を確認してみましょう。動作が安定する場合があります。
>
> 　OSX10.10で「U.S.」モードを選ぶにはOS側の設定が必要です。「システム環境設定」＞「キーボード」＞「入力ソース」ダイアログ左下の「＋」をクリックして「U.S.」を選択肢に追加しておきます。
>
>
>
> 　また、音が鳴りっぱなしになってしまったら、「GS」メニュー＞「パニック！（オールノートオフ）」を選択すると解消する場合があります。

解説！
ウィザード共演機能について

　ウィザード共演機能をオンにすると、小節ごとにコードを判断して、そのコードに適した音が、リアルタイムでパソコンキーボードに割り当てられます。
　これにより、パソコンキーボードの下2列を使って、コードにマッチしたメロディーを演奏することができます。

　次に示すように、各キーにはコードに応じた音が割り当てられ、曲の進行とともに、リアルタイムで変更していきます。

パッシングトーン（2、4、6度）が演奏されます。

コードトーン（ルート、3、5、7度）が演奏されます。

※ コードをもとにしてキーに音程が割り当てられるため、停止中にキーを押しても音は鳴りません。また、録音時はスルーパートに設定した音色で演奏され、再生時は録音したパートに設定した音色が演奏されます。

　ウィザード共演をオンにして演奏してみましょう。
※【MIDI】ボタン はモニターサイズによっては、ツールバー右の【>>】ボタン内に隠れています。

「ウィザード共演機能」にチェックを付けて、機能をオンにします

　ソングを再生したら、リズムに合わせてキーを打ってみましょう。
　例えば、どれか1つ同じキーを続けて打ってみてください。曲の進行に合わせて、入力されているコードに適した音に切り替わりながら演奏されるのがわかるでしょう。

　ウィザード共演機能を使ったメロディー演奏のコツは、基本的には一番下の列（コードトーン）を演奏し、となりのコードトーンに移るときに、下から2列目のキーを間にはさむ（＝パッシングトーンをはさむ）ことです。こうすることで、なめらかなメロディーが演奏されるでしょう。
　また、一番下の列で複数のキーを同時に押さえると和音が演奏できます。

　さらに、「ハーモニー」メニュー＞「スルー／ソロハーモニー選択」からダイアログを開いてハーモニーを設定しておけば、単音で弾いたメロディーに豪華なハーモニーが付いて演奏されます。

　適当にキーボードを打つだけでも、コードに適した音が演奏されるので、鍵盤楽器が苦手だったり、メロディー作りの経験がない人でも、気楽にメロディーを作ることができるので、おすすめです。

　ウィザードによる演奏を録音することも可能です。ウィザード共演機能がオンの状態で【MIDI録音】ボタン をクリックして演奏するだけです。MIDI鍵盤での録音と同様に、演奏内容はメロディー／ソロパートへ録音され、編集もおこなえます。
➡ 「ウィザード共演機能で気楽にメロディー録音（パソコンキーボードでの録音）」（134ページ）参照

メロディーに適したコード進行を自動生成

「メロディーはできたけど、コードがうまく付けられない……」「コードをもとにメロディーができあがったけど、どうもコードがしっくりこない……」そんな場合も、Band-in-a-Boxならメロディーを分析して、ぴったりのコード進行を作ってくれます。

準備

解析するメロディーをメロディートラックに用意します（MIDI録音するか、メロディスト機能などで生成されている状態にしておきます）。

※ **リアルトラックを分析することはできません。**

> ♪ヒント
> コード進行がわからない状態でメロディーをMIDI録音する場合は、音程感のあるベース、ピアノ、ギターなどの楽器をミキサーウィンドウでミュートして、ドラムのテンポを参考にして録音するとやりやすいでしょう。

自動でコードを生成

メロディーをMIDIで録音したら、「ウィンドウ」メニュー＞「メロディーからコード生成（自動）」を選びます（①）。

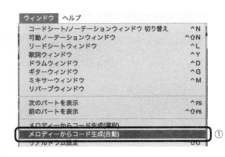

「メロディーからコード生成（自動）」ダイアログが開いたら「分析トラック」と「ジャンル」「サブジャンル」などを指定しましょう。そのジャンルでよく使われるコードが生成されます。例えば、ポップ8ビートを選ぶと、ポップス系のコードパターンが生成されます。

「スタイルを読み込む」にチェックを入れておくと、コード生成時にスタイルも適したものへと変更されます。

【コード進行を生成する】ボタンをクリックすると（②）、ソング全体のコード進行が、完全に自動で作成されます。

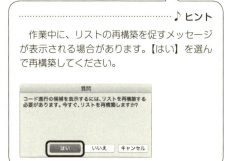

♪ ヒント
ジャンルを選べるようにするには「全部表示」のチェックをはずします。ジャンルを変更できるようになり、サブジャンルにはすべてのサブジャンルが表示されます。

候補から選択してコードを生成

「ウィンドウ」メニュー>「メロディーからコード生成(選択)」を選びます(③)。

♪ ヒント
作業中に、リストの再構築を促すメッセージが表示される場合があります。【はい】を選んで再構築してください。

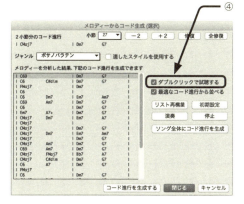

「メロディーからコード生成(選択)」ダイアログでは、2小節単位で分析されたコード進行がリストアップされます。

「ダブルクリックで試聴する」にチェックを入れておくと(④)、候補のコードをダブルクリックすると演奏され、どのような演奏になるか、ソングを試聴できます。

※候補のコード2小節間+前後の1小節が繰り返し演奏されます。

このとき、「ジャンル」を選んでおくと、そのジャンルに適したコードパターンが生成されるようになります。また、「適したスタイルを使用する」にチェックを入れると、ジャンルに適したスタイルに変更されます。

演奏を停止するには【停止】をクリックします。

気に入ったコード進行が見つかったら、【コード進行を生成する】をクリックすると（⑤）、選んだコードが入力されます。

続くコードも2小節ごとに決めていきましょう。

作業対象の小節番号は「小節」で確認できます（⑥）。

【＋2】ボタンをクリックすると、続く2小節分のコード候補が表示されます（⑦）。作業対象小節を示す「小節」も、自動で続く2小節の小節番号に切り替わります。

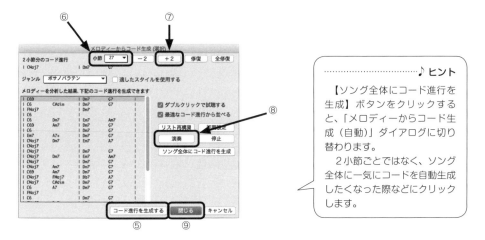

♪ヒント

【ソング全体にコード進行を生成】ボタンをクリックすると、「メロディーからコード生成（自動）」ダイアログに切り替わります。

2小節ごとではなく、ソング全体に一気にコードを自動生成したくなった際などにクリックします。

同様の作業を繰り返して、ソング全体にコードを生成していきます。

他の候補コードを見たいときには、【リスト再構築】ボタンをクリックします（上図⑧）。

最後までコードを指定したら【閉じる】ボタンでダイアログを閉じましょう（上図⑨）。

SoundCloud で世界へ公開

世界的に有名な音楽共有コミュニティサイトのSoundCloudへ、Band-in-a-Boxから直接、簡単にアップロードすることができます。

準備

あらかじめ、アップロードするソングを開いておきます。

手順

1）【オーディオ保存】ボタン をクリックして「ソングを M4A（AIFF）ファイルとして保存し、SoundCloud.com にアップロード」を選択。

アップロード用のファイル（M4AもしくはAIFF）がまずは書き出され（少し時間がかかります）、次にSound Cloudへのログイン画面が表示されます。

2）SoundCloud へログイン。

すでにアカウントを持っている場合にはConnect画面でメールアドレスとパスワードを入力してログインします。

アカウントを持っていない場合は、Sign Up タブに切り替えてからサインアップしてアカウントを取得してから作業しましょう。

> ♪ヒント
>
> SoundCloudには無料でも登録できます。まだ登録されてない人はアカウントを取得して、Band-in-a-Boxで作成した自分の作品をアップロード（=世界へ公開！）にチャレンジしてみてはいかがでしょうか。現在は、FacebookやGoogle+のアカウントでもログインが可能です。ただし、使用言語は英語です。また、仕様変更があった場合は、本書の図とは異なる場合もあるかもしれません。詳しい使い方やアカウントの取得に関しては、インターネットで「SoundCloud（もしくは「サウンドクラウド」）」と検索するとたくさん情報が出てくるので、調べてみましょう。

3）アップロードに必要な情報を入力。

　タイトルやタグ、著作権の指定、公開範囲などを指定して【アップロード】ボタンをクリックします。

　例えば、タグに「bossanova」と入力すると、SoundCloudでボサノバ曲を探している人がタグ検索から訪れる可能性があります。

　ライセンスは他の人の二次利用を許可するか、一切禁止するかなどを指定する重要な項目です。

　【プライベート】ボタンをクリックすると、非公開となり他の人は聞くことができません。

　アップロードが完了したらメッセージが表示されます。

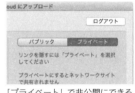

「プライベート」で非公開にできる

4) インターネットブラウザでページを確認する。

アップロードが完了したら、自分のSoundCloudページを確認しましょう。

自分のページにBand-in-a-Boxで作った曲がアップロードされた！

● SoundCloud 用に保存されたファイル

SoundCloudにアップロードしたファイルは、ローカルに保存されています。ファイルを確認したい場合は、【オーディオ保存】ボタン をクリックして「SoundCloudフォルダを開く」を選択します。

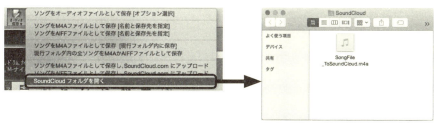

Finderでアップロード用のオーディオファイルが表示される

● その他の方法

SoundCloudは、SafariなどのWebブラウザからアップロードすることも可能です。Band-in-a-BoxのソングをGarageBandなど他のDAWで追加編集してからアップしたい場合は、他の作業も含めて作品を完了させて最終的にオーディオファイルとして書き出しましょう。そのファイルをWebブラウザからアップロードするとよいでしょう。

ミキサーウィンドウ

ミキサーウィンドウ

新機能！

ミキサーウィンドウの刷新がおこなわれました。画面右上に固定表示され、より扱いやすくなりました。

パートごとの設定が集約されており、上部の「ミキサー」「ピアノ」「楽器」タブを切り替えて各種作業や設定をおこなえます。

※ 旧ミキサーウィンドウはメニューの「ウィンドウ」>「ミキサーウィンドウ」で呼び出せます。

ミキサーウィンドウでは、各パートの楽器情報やボリューム、パン、リバーブ、トーンなど音響的な設定に手軽にアクセスできます。Ver.22以前はメイン画面に表示されていたピアノ鍵盤もミキサー内の「ピアノ」タブへ集約されました。「楽器」タブは、ミキサータブでも表示されている楽器に関する項目のみを表示しているので視認性が高くなっています。それぞれのボタンをクリックすることで編集画面を切り替えられます。

他の部分で確認できる項目もありますが、ミキサーウィンドウでは各パートを一括で表示しているので、現状の全体像を把握しやすいのがポイントといえるでしょう。

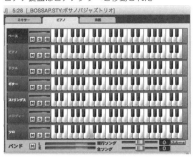

ピアノ鍵盤はピアノタブへと移動された

大きな表示の楽器タブ

ミキサーウィンドウでの操作

【ミキサー】タブ（①）は、パートごとの状況や設定を確認するのに便利です。

【S（ソロ）】ボタン（②）や【M（ミュート）】ボタン（③）は、それぞれのパートをソロ演奏にしたり、消音したりすることができます。【フリーズ】ボタンを押しておくと（④）、新伴奏を生成しても書き換えられないので、現在の演奏を残すことができます。

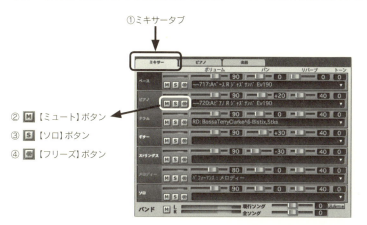

② 【ミュート】ボタン
③ 【ソロ】ボタン
④ 【フリーズ】ボタン

右側の楽器名（⑤）をクリックすると、メニューからさまざまな操作をおこなえます。

「MIDI楽器を選択」から「GM 楽器を選択」を選べば、楽器一覧のリストから音色を選ぶことができ、「リアルトラックを選択」や「MIDIスーパートラックを選択」、「効果音素材を選択」など、MIDIやオーディオトラックの種類にとらわれることなく、シームレスにトラック設定を切り替えられる便利さがあります。

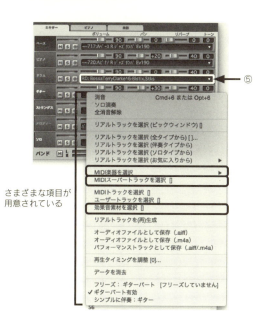

さまざまな項目が用意されている

145

「再生タイミングを調整」(⑥)は、そのパートにオーディオデータが含まれる際の再生タイミングを調整します。通常は必要ありませんが、自作の効果音素材を読み込んでいる場合などに役立ちます。

「データを消去」(⑦)は、そのパートに含まれる演奏情報を削除します。

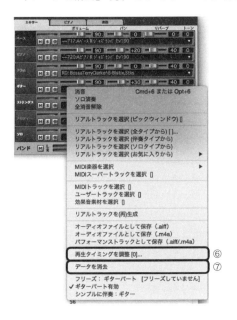

「ボリューム」「パン」「リバーブ」「トーン」(⑧)では、それぞれのスライダー操作や、数値ボタンをクリックして数値を直接入力するなどして、設定がおこなえます。

MIDI スーパートラック

　MIDI スーパートラックは、リアルトラックの MIDI 版ともいえます。本物のミュージシャンの演奏を MIDI データとして録音しているので、あとから音色を変更する、ノートデータを自由に編集する、楽譜として表示するなど、幅広い活用法が考えられます。

　MIDI スーパートラックを利用するには、MIDI スーパートラックを含むスタイルを選ぶか、パートごとに個別に MIDI スーパートラックを割り当てます。

> ♪ヒント
> MIDI スーパートラックは、リストやメモの中で「MST」や「MIDI ST」と省略表記されることがあります。

MIDI スーパートラックを含むスタイルを選択する

準備
あらかじめコードシートの入力やソングの設定をしておきます。

手順
1) 【スタイル】ボタン下部をクリックして「「スタイルピックウィンドウ」からスタイルを開く」を選ぶ。
2) 開いたダイアログ左側の「カテゴリー」から「MIDI スーパートラック付」を選択（次ページ図参照）。
　MIDI スーパートラックを含むスタイルだけがリストに表示される。

> ♪ヒント
> リストをダブルクリックすると、その MST を使ったデモ曲を試聴できます（※インターネット接続されていないと聴けないデモ曲もあります）。
> なお、カテゴリー欄には、「新 MIDI スーパートラック」もあるので区別しましょう。

3) リストからお好みのスタイルを選択し、「OK」をクリックする。

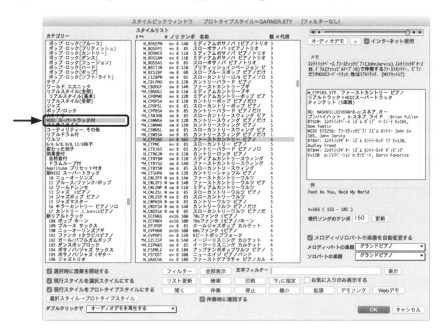

【演奏】ボタン をクリックして、MIDIスーパートラックを含むソングを聴いてみましょう。

♪ヒント

メモ欄に「MST」の表記があるパートは、MIDIスーパートラックが割り当てられています。その下の欄では、組み込まれているMIDIスーパートラックの番号を確認できます。下図では、アコースティックピアノにMIDIスーパートラック (MST) が割り当てられており、下をみると「MIDI ST2256: アコースティックピアノ……」つまり2256番のMIDIスーパートラックが組み込まれていることが確認できます (右図矢印参照)。

なお、表記に「MIDIトラック」とある場合は通常のMIDIパートで、「MST」とは区別されます (ミュージシャンによるMIDI演奏ではなく、前バージョンまでのMIDI パートを指します)。「RT」はリアルトラックのことです。

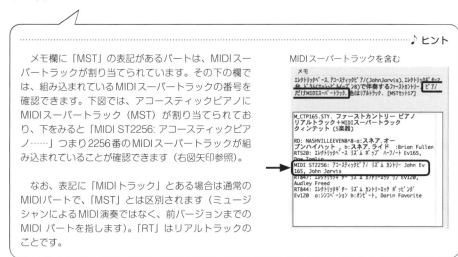

MIDIスーパートラックを含む

パートに MIDI スーパートラックを読み込む

楽器名欄を右クリック

手順

1) ミキサーウィンドウ内で、対象パートの楽器名が表示される欄の上で右クリックし「MIDI スーパートラックを選択」を選ぶ。

「リストから選択」ダイアログが表示される。

2) MIDI スーパートラックを選択。
3) 「OK」をクリックして閉じる。

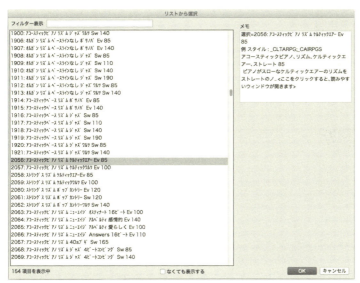

♪ヒント

　メモ欄には演奏情報が表示されるので選択時の参考になります。また、「フィルター表示」欄にキーワードを入力すると絞り込み検索をおこなえますが、カタカナは半角表記なので「ピアノ」ではなく「ﾋﾟｱﾉ」と入力するよう気をつけましょう。
　MIDIスーパートラックは、どのパートにでも読み込めます。ピアノのMIDIスーパートラックをストリングスパートへ読み込んでも問題ありません。

効果音素材

自然の音やドラムビートなどを効果音として取り入れられます。

【効果音】ボタン をクリックして「効果音素材の選択」ダイアログを開くと、リストから環境音やお好みのオーディオループなどを読み込むことができます。

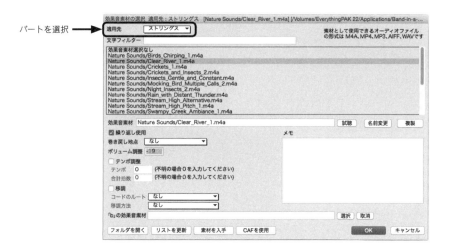

まずは「適用先」のプルダウンから効果音を割り当てるパートを選択し、リストからお好みの効果音素材を選択します。

リストに表示されるのは、「アプリケーション（Application）」＞「Band-in-a-Box」フォルダ内の「RealTracks」＞「Loops」の中にあらかじめ用意されたオーディオファイルです。雨音、雷、鳥や虫の声などの自然の音やドラムなどのリズム素材が用意されています。M4A、MP4、MP3、AIFF、WAVに対応し、Ver.22からはACIDループもサポートされました。自分で用意した素材をこのLoopsフォルダの中に保存しておけば、効果音として使用することも可能です。

ほとんどの場合は設定を変更する必要はありませんが、ドラムループなどのために、必要に応じて繰り返しやボリューム、テンポなどの設定ができるようになっています。

ドラムループなどでポイントとなるのは「巻き戻し地点」でしょう。

使う素材が1小節分のループであれば、「各小節後」にすると小節ごとに素材が頭から再生されます。4小節ループであれば、「各4小節後」を選びます。

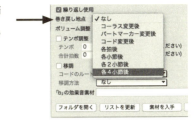

「「b」の効果音素材」を選んでおくと、パートマーカーbのセクションやミドルコーラスで他の効果音に切り替えられます。【選択】ボタンをクリックして、前述の「Loops」フォルダ内から選択します。

効果音を割り当てたパートは、通常通りミキサーでの設定やブレイク指定なども有効です。例えば、適用先をストリングスパートにした場合は、ミキサー画面のストリングスパートで音量調整やパン、リバーブなどの設定もおこなえます。また、ストリングスパートをブレイクすることで、効果音素材もブレイクします。

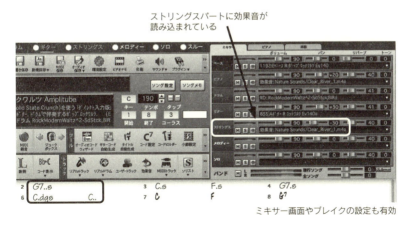

ミキサー画面やブレイクの設定も有効

オーディオループの細かい設定や、配置場所をピンポイントで微調整するなどには、やはり専用のDAWなどのほうが向いている部分もあるかと思いますが、オーディオ素材をある程度自由に割り当てられるようになったことで、Band-in-a-Boxで完結させられる楽曲の表現も一段と増すことでしょう。

上級編③

リードシート(楽譜)の作成

リードシートウィンドウ

リードシートウィンドウには、コードや音符が楽譜として表示されます。
単独もしくは複数のパートを表示するように設定したり印刷することも可能です。

リードシートウィンドウを開く

ツールバーの【リードシートウィンドウ】ボタン をクリックするとリードシートが開きます。リードシート上の小節をダブルクリックするとそこから演奏がはじまります。停止するにはスペースキーを押します。

リードシートウィンドウ

表示するパートを選ぶ

　リードシート上部には、表示させるパートを切り替えるボタンが用意されています。左から、ベース、ドラム、ピアノ、ギター、ストリングス、メロディー、ソロ、のパートボタンです。

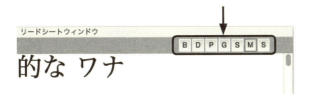

control キーを押しながらクリックすると、複数のパートを同時に選択、表示できます。

メロディーとギター、ベース（タブ譜付）を表示している

タイトルのフォント設定

タイトルのフォントやサイズを変更したい場合は、以下の手順を参照してください。日本語で文字化けしている場合などは、以下の手順で日本語フォントに変更してから再設定（再入力）することで正しく表示される場合があります。

|手順|

1) リードシートウィンドウ画面の左上の【Opt.】ボタンをクリックして（①）、「リードシートオプション」ダイアログを開く。
2) 【ノーテーションオプション】ボタンをクリックして（②）「ノーテーションウィンドウオプション」ダイアログを開く。

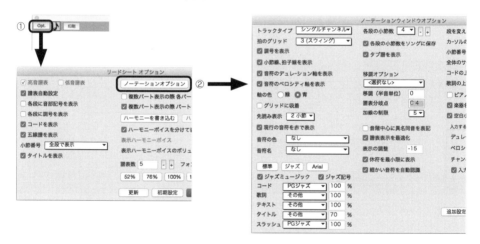

3) 「タイトル」に「その他」を選択（③）。
4) 開く「フォント」ダイアログでフォントの種類やサイズを設定する。

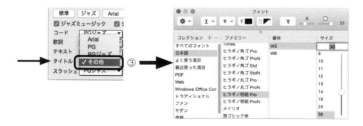

上級編③｜リードシート（楽譜）の作成

《トラブルシューティング》
コードシートではジャズ記号表記できているのに、リードシートに反映されていない！

……という場合は、以下の内容を確認しましょう。コードシートとは別に、リードシートでのフォント設定が必要です。

□ リードシートのフォント設定

印刷にジャズフォントやジャズ記号を反映させるには、ノーテーションウィンドウオプションで記譜フォントの設定をおこないます。

コードシートと同じようにリードシートもジャズ表記にしたい

まず、【リードシートウィンドウ】ボタン をクリックしてリードシートを開き、【Opt.】ボタンをクリックします（①）。

「リードシートオプション」ダイアログが開いたら、【ノーテーションオプション】ボタンをクリックます（②）。

「ノーテーションウィンドウオプション」ダイアログが開いたら、「ノーテーションのフォント」欄でフォントを設定します。

【ジャズ】ボタンをクリックすると（③）、ジャズ用の表記に設定されます。

ここでは、タイトルや歌詞のフォントも変更できます。

> ♪ヒント
> 「ノーテーションウィンドウオプション」ダイアログは、ノーテーションウィンドウから開くオプションと同じ画面です。

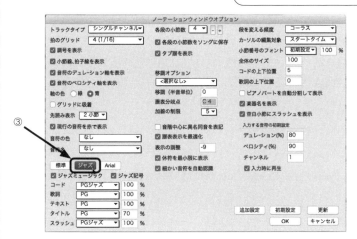

楽譜の表示にジャズ表記が使用されるようになったでしょうか。

コードをPGジャズにし、タイトルのフォントも変更したリードシート

歌詞の入力

歌詞の入力は、ノーテーションウィンドウでおこないます。
入力した歌詞は、リードシートにも反映されます。

音符に対して歌詞を付ける「音符単位（旧音符ベース歌詞）」と、行単位で歌詞を入力する「行単位歌詞（旧ラインベース歌詞）」があり、日本語の歌詞入力には「音符単位歌詞」を選びます。
※ 行単位歌詞は日本語入力に対応していません。

音符単位歌詞（旧音符ベース歌詞）

●音符単位歌詞の入力

音符単位の歌詞は、メロディーパートかソロパートの音符に対して入力します。
音符がない場合は歌詞を入力できないので、あらかじめ音符を入力しておきましょう。

ツールバーの【ノーテーション】ボタン をクリックして、ノーテーションウィンドウに切り替えます。

ノーテーションウィンドウ

ノーテーションウィンドウの【L】ボタンをクリックすると（①）、歌詞の入力枠が表示され（②）、入力対象の音符が赤く表示されて、その音符の音が鳴ります。

目的の音符が赤く表示されない場合は、歌詞を入力したい音符をクリックすると、その音符が入力対象となります。

歌詞の入力枠に文字を入力し、[return]キーを押すか【入力】ボタンをクリックすると（③）、音符の下に歌詞が入力されます。

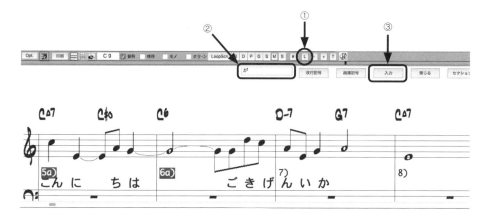

入力が終わったら【L】ボタンをクリックして、歌詞入力を終了します。

● 音符単位歌詞の編集

入力した音符単位歌詞は、あとから編集することができます。

【L】ボタンをクリックして歌詞入力モードにしておいて（①）【編集】ボタンをクリックすると（②）、「イベントリスト：歌詞」ダイアログが開きます。

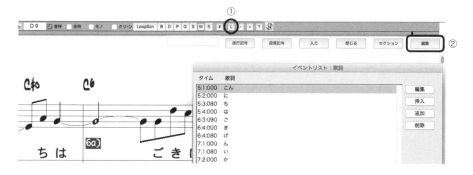

ここで入力ずみの歌詞の編集や、あらたな歌詞の挿入、追加、削除などがおこなえます。

●歌詞の表示位置の調整

歌詞の垂直位置を調整することができます。

ノーテーションウィンドウで【Opt.】をクリックして「ノーテーションウィンドウオプション」ダイアログを開き、「歌詞の上下位置」で調整します。

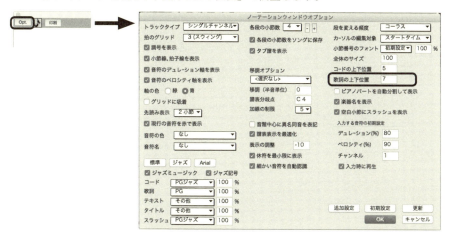

入力する数値が大きいほど歌詞が下へ移動します。マイナスの数値を入れると、より上に歌詞を移動させられます。標準値は7ですが、「-7」のような負の数値を指定すると、かなり上のほうへも移動することができます。

●入力した歌詞の表示

入力した歌詞はリードシートでも表示され、印刷することができます。

リードシートの場合

●歌詞のフォント設定を編集

歌詞のフォントを変更したい場合は、以下の手順を参照してください。

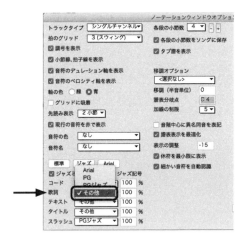

手順

1) リードシートウィンドウ左上の【Opt.】ボタンをクリック。
2) 「リードシートオプション」画面の【ノーテーションオプション】ボタンをクリック。
3) 「ノーテーションウィンドウオプション」ダイアログの「歌詞」で「その他」を選択。
4) 開いた「フォント」画面でフォントを設定する。

行単位歌詞（旧ラインベース歌詞）

●行単位歌詞の入力

行単位歌詞は日本語入力に対応していないので、英語の歌詞の入力に使用します。
音符単位歌詞とは異なり、行（ライン）単位で歌詞を入力することができます。
ノーテーションウィンドウのツールバーと五線譜の間の「行単位歌詞入力エリア」をクリックすると、歌詞を入力することができます。

 page up page down キーで行を移動できます。ノートパソコンでこれらのキーがない場合は、マウススクロールでも表示される行を移動できます。

印刷に歌詞を含める

楽譜を印刷する際に、歌詞を含めるかどうかを選択することができます。

【印刷】ボタン を押して「印刷オプション」ダイアログが表示されたら、歌詞に関する設定をおこなってください。

「印刷オプション」ダイアログには、歌詞に関する２つの項目があります。

●音符単位歌詞の印刷

音符単位歌詞を印刷するには、「音符単位歌詞」にチェックを付けます。

●行単位歌詞の印刷

行単位歌詞を印刷内容に含める場合は、プルダウンメニューから「行単位歌詞を下に表示」など、希望するものを選択します。

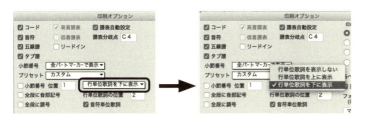

印刷

Band-in-a-Boxでは、コードやメロディー、歌詞、作曲者、ギターコードダイアグラムなどを含めた楽譜を印刷できます。

オリジナル曲をバンドのメンバーに渡したり、セッションのリードシートを印刷したり、と実用的な楽譜を制作することができます。

印刷の基本操作

楽譜を印刷するには、まず【印刷】ボタン をクリックして「印刷オプション」ダイアログを開き、印刷に関する設定をおこないます。

このダイアログでは、印刷する要素を必要に応じて選択することもできます。

印刷する項目には、音符やコード、五線、歌詞、などの基本的な項目の他にも、タイトル、小節番号、作曲者、著作権情報、などさまざまな項目があります。

これを活用すれば、例えば、メロディーの音符がない場合は「五線譜」と「音符」からチェックをはずすと、コード進行だけの楽譜を印刷することもできます。

五線や音符のないコード譜

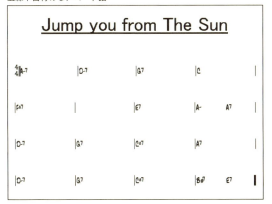

「ノーテーションウィンドウオプション」や「リードシートオプション」「印刷オプション」では、他にも、表示や非表示に関する設定項目が用意されています。

ノーテーションウィンドウオプションでの楽器名に関する設定

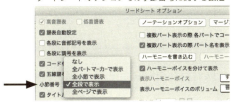

リードシートオプションでの小節番号に関する設定　印刷オプションでの小節番号の表示・非表示

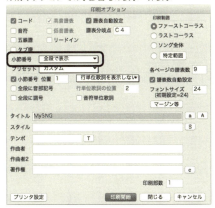

楽譜やリードシートを PDF で出力

印刷の工程で、PDFへの出力を選択することが可能です。紙ではなくPDFファイルとして保存することで、リードシートやパート譜をメールに添付して送るなど、さまざまな活用法が考えられます。

【印刷】ボタン をクリックすると開く「印刷オプション」ダイアログの【プリンタ設定】ボタン（①）をクリックし、ダイアログが開いたら「PDF」のプルダウンメニューから「PDFとして保存」（②）を選択します。保存先や名称を指定して「保存」をクリックしてください。
※ その他の印刷に関する設定については前項も参照してください。

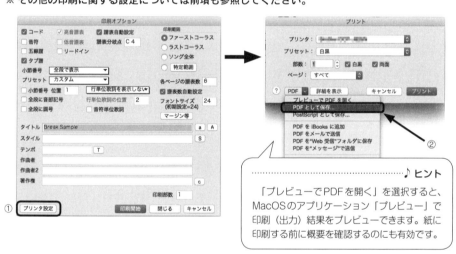

♪ ヒント
「プレビューでPDFを開く」を選択すると、MacOSのアプリケーション「プレビュー」で印刷（出力）結果をプレビューできます。紙に印刷する前に概要を確認するのにも有効です。

ツールバーの【印刷】ボタン

リードシートウィンドウでの【印刷】ボタン

ノーテーションウィンドウでの【印刷】ボタン

活用編①

すべておまかせで
オリジナルソングを作成

「オリジナル曲を作る」というと、ハードルの高い作業のように感じますが、Band-in-a-Boxなら作曲も驚くほど簡単です。

作り出された音楽の著作権はフリーなので、動画サイトに投稿するムービーやWebの他、さまざまな目的にも自由に使うことができます。

メロディスト機能を使って何でも自動生成

メロディスト機能という名前から、メロディーを演奏したり、生成する機能を連想しがちですが、実はメロディーだけでなく、コード進行、スタイル、イントロ、ソロ、タイトルまで、何でも自動生成してくれます。

メロディスト機能を使うには、ツールバーの【メロディスト】ボタンをクリックして、「メロディスト選択」ダイアログを開きます。
※「メロディー」メニュー＞「メロディスト選択」からでも開けます。

「メロディスト選択」ダイアログ

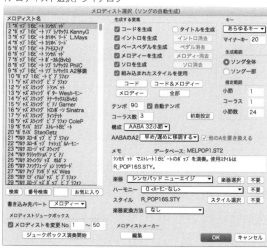

活用編① | すべておまかせで オリジナルソングを作成

生成する要素や曲の構成などを指定する

「生成する要素」の欄では、自動生成する要素や範囲などを設定します。

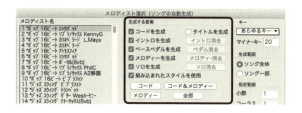

●すべてを自動で生成させる場合

「生成する要素」の枠で【全部】(①) をクリックして「OK」を押すと、コード進行やメロディー、スタイルなどのすべてが自動で生成され、まったく新しいソングを簡単に手に入れることができます。

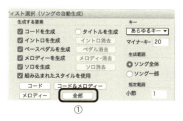

●必要な要素だけを選んで生成

右図②のボタンでは、コードだけ生成する、メロディーだけ生成する、などの設定をボタン１つで呼び出せます。

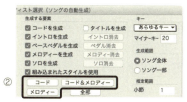

【コード】

コード生成に適した項目だけにチェックが付きます。メロディーは生成されません。すでにコードシートにコードが入力されている場合は、コード進行が変更されます。

【メロディー】

メロディーがメロディートラックに生成されます。コードは生成されません。入力ずみのメロディーは削除され書き換えられます。

【コード＆メロディー】

ソロ以外の項目にチェックが付きます。既存のコードやメロディーは書き換えられます。

その他にも、タイトルも生成するのか、イントロを生成するのか、といった項目もあります。現在のスタイルから変更したくない場合は「組み込まれたスタイルを使用」のチェックをはずします。

●曲の構成や設定に関する項目の指定

テンポ、コーラス数、キー（調）、曲の構成などを指定する項目も用意されているので、希望する設定を指定します。

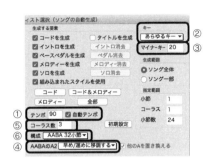

①「テンポ」
「自動テンポ」のチェックをはずしてから指定します。

②「キー」
プルダウンから希望する調を選びます。「あらゆるキー」ではすべての調からランダムに選ばれます。

③「マイナーキー」
短調にしたい場合は「マイナーキー」欄に「100」と入力します（単位は％）。例えば「20」にすると、20％の確率で短調の曲が生成されます。「0（％）」なら短調は生成されません。

④「AABA の A2」
この項目を設定すると2番目のA（＝A2）を部分転調して単調さを回避する演奏になります。「早め／遅めに移調する」を選択しておくと、A2の数小節前（もしくは後ろ）から移調します。

⑤コーラス数
希望するコーラス数を指定します。

⑥構成
希望する曲の構成をプルダウンメニューから選びます。

●「楽器」や「ハーモニー」、「スタイル」に関する設定

メロディスト機能でソングを生成する際には、そのメロディに合う楽器やスタイル、ハーモニーが自動で割り当てられます。それを望まず、お好みの楽器やスタイルにしたい場合は、プルダウンメニューから選択できます。

現状のスタイルを変更したくない場合は【不要】ボタンをクリックします。

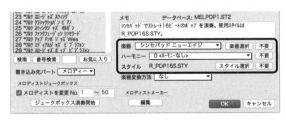

ソングをオーディオファイルに書き出す

Band-in-a-Boxで作成したソング（.MGU ／ .SGU 形式のデータ）は Band-in-a-Boxでしか開けません（聴くことができません）が、一般的な音楽ファイル形式（オーディオファイル）に書き出せば、他のソフトでも活用できるようになります。また、オーディオプレイヤーに取り込む、CD作成ソフトでCDにする、といったことも可能になります。

ソングをオーディオファイルに変換する

ソングをオーディオ形式に変換するには、ツールバーの【オーディオ保存】ボタンから「ソングをオーディオファイルとして保存（オプション選択）」を選択し、「オーディオファイルに変換」ダイアログを開きます。

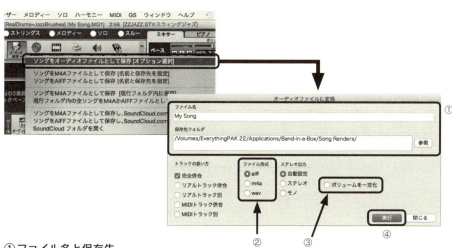

①ファイル名と保存先
書き出すオーディオファイルの名称と保存先を確認して必要であれば変更します。

②ファイル形式
Band-in-a-Box では、保存できるオーディオ形式は以下の３つです。

　　AIFF、M4A、WAVE

AIFFとWAVEファイルは高音質な非圧縮オーディオファイル形式です。WAVEはWindowsでも一般的で、読み込めるソフトもたくさんあります。M4Aは圧縮オーディオです。高音質でありながらファイルサイズが小さいというメリットがあります。

③ボリュームを一定化

チェックを入れると、なるべく音量が大きくなるように自動調整（ノーマライズ）されます。

その他、「トラックの扱い方」欄ではソング全体を書き出す場合は「完全併合」を選択し、「ステレオ出力」欄は特に意図がなければ「自動」でよいでしょう。

実行（前ページ図④）をクリックするとオーディオファイルに書き出されます。

※ **伴奏を生成してからオーディオ変換する場合は、少し時間がかかります。**

複数のソングを一括でオーディオに変換する

たくさんのソングをオーディオに変換したい場合には「一括変換」機能が便利です。

特定のフォルダ内のソングを一括でオーディオに変換することができるので、効率的に変換作業がおこなえるでしょう。

> 準備

オーディオ変換するソングをフォルダにまとめておきます。

MacのOS上（Finder）で、適当なフォルダを作成して、その中に一括変換するソングを移動するか、コピーしておきます。

フォルダを作ってソングをまとめる

活用編① | すべておまかせで オリジナルソングを作成

> 手順

1) 一括でまとめたフォルダ内のどれでもよいのでソングを開く。
※ 開いたソングの保存先フォルダ（＝現行フォルダ）内のソングがすべてオーディオ変換の対象となります。
2) ソングが開いたら、ツールバーの【オーディオ保存】ボタン から「現行フォルダ内の全ソングをオーディ M4A か AIFF ファイルとして保存」を選択（①）。
3) 「質問」ダイアログが開くので「はい」をクリック（②）。

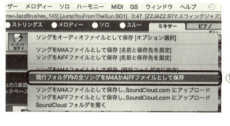
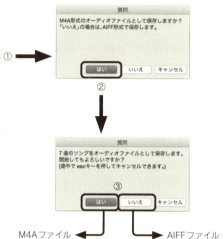

4) さらにもう一度「質問」ダイアログが開くので、状況に応じて「はい」か「いいえ」をクリック（③）。
※「はい」＝ M4A、「いいえ」＝ AIFF 形式でそれぞれ書き出されます。「キャンセル」は書き出し作業をキャンセルします。

5) 変換作業が完了するとメッセージが表示されるので、「はい」をクリック（④）。保存先のフォルダが開くので、オーディオが書き出されたことを確認する（⑤）。

オーディオ CD にする

Mac の標準機能（iTunes）で CD を作成

Mac で CD を作成する一例として iTunes での手順を紹介します。

※ CD ドライブを搭載していない機種では別途オーディオ CD を作成できる外部接続ドライブなどが必要です。ドライブ購入時に CD ライティングソフトが付属していた場合は、そちらで作成してもよいでしょう。

[手順]

1) 空の CD を Mac に挿入。
   動作を確認するウィンドウが開くので、「操作」で「iTunes を開く」を選択して（①）「OK」をクリック（②）。
2) iTunes が起動し、メッセージが表示されるので「OK」をクリック（③）。

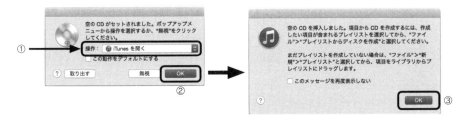

3) 「ファイル」メニュー＞「新規」＞「プレイリスト」を選択（④）、もしくは画面左下の【＋】ボタンをクリックし「新規プレイリスト」を選択（⑤）して新規プレイリストを作成し、お好みのプレイリストの名称を入力（⑥）。

※ プレイリスト名がアルバム名になります。

活用編① | すべておまかせで オリジナルソングを作成

4)CDにする曲(オーディオデータ)を画面内にドロップする(⑦)。
※ Band-in-a-Box専用の形式であるソング(SGUやMGU)はドロップできません。ソングからオーディオ(M4AやAIFF)へ書き出したデータが必要です。

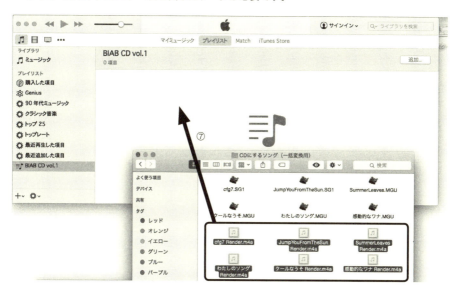

5)「ファイル」メニュー>「プレイリストからディスク作成」を選択(⑧)。

6) ディスク作成の設定画面が表示されたら「ディスクを作成」をクリック（⑨）。

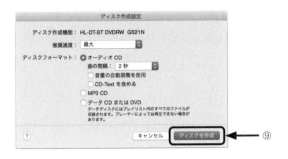

ディスク作成の処理がはじまり、しばらくすると完成したCDが読み込まれた状態になります。

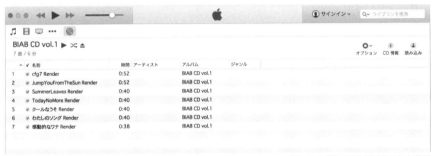

ディスクが作成され読み込まれた状態

作成されたCDは通常のCDと同じように扱えます。iTunesの操作方法なども確認してください。
また、【読み込み】ボタンをクリックすると（⑩）、パソコン内に取り込んだり、MP3やAACなどの圧縮オーディオを作成することも可能です。

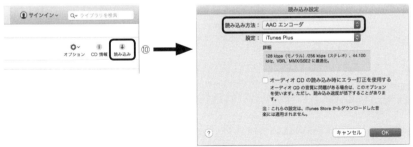

形式を選択してパソコンに読み込むこともできる

《トラブルシューティング》
演奏を開始すると、メロディーやソロパートの楽器設定がもとに戻ってしまう
―― 楽器選択の競合

　パートごとに楽器を設定しても、【演奏】ボタン をクリックしたら、他の楽器に切り替わってしまう……ということがあります。

　これは、スタイルやハーモニー生成などの機能に、楽器設定が組み込まれているために起こります。

　例えば選択しているスタイルに、メロディー楽器をオルガンにする指示が組み込まれていると、メロディーを自分好みの楽器に変更していても、【演奏】ボタン を押した時点で「メロディーをオルガンに変更する」という指示が出て、オルガンに切り替わってしまうのです。

　思ったように楽器を変更できない場合は、以下の内容を確認してください。

□ スタイルピックウィンドウでの楽器指定を無効にする

　スタイルを選択する際に、スタイルピックウィンドウ右下の「メロディー/ソロパートの楽器を自動変更する」からチェックをはずすことで、現状の楽器が保持されます。

チェックをはずす

　なお、本来はスタイルに合った楽器を自動で選択してくれる機能なので、特に意図がなければチェックを入れておくとよいでしょう。また、ここでの楽器設定は、あとからハーモニーやメロディストなどの機能により変更されることがあります。スタイル決定直後にのみ有効な設定と考えておきましょう。

□ハーモニーによる楽器指定の確認

　ハーモニー機能には楽器情報も含まれており、伴奏を生成するたびに指定された楽器を呼び出します。例えばメロディートラックで「トランペット＆トロンボーン　2声ハーモニー」を使用している場合、メロディートラックの楽器をビブラフォンに変更しても、再生と同時にトランペットの音色に切り替わってしまいます。

　それぞれのハーモニーに最適な音色で演奏させるための動作ですが、あえて違う楽器で演奏させるには、ハーモニーをデータとして書き出します。

ハーモニーをトラックとして書き出す

　ハーモニーも含めて楽器を変更したい場合は、ハーモニーをトラックとして書き出してから楽器を変更します。

|手順|

1）「ハーモニー」メニューの「メロディーハーモニーを使用」にチェックが入っていることを確認（①）。
2）「ハーモニー」メニューから「ハーモニーをメロディーパートに書き込む」を選択（②）。
3）「質問（メッセージ）」を確認して「はい」をクリック（③）。

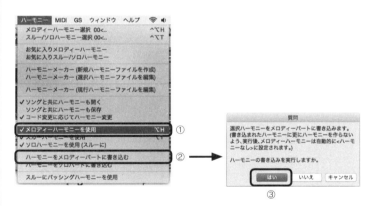

　これで、ハーモニーはデータとして保存されました。メロディートラックでの楽器変更がそのまま保持されることを確認しましょう。

活用編① | すべておまかせで オリジナルソングを作成

音色の変更が保持されるようになる

> ♪ヒント
>
> ハーモニーでトップノート（メインのメロディー）だけが他の楽器で演奏される場合は、メロディストによる楽器指定も絡んで、複雑に楽器指定がおこなわれている可能性があります。このあとの「メロディストによる指定楽器の確認」の項も確認した上で、楽器情報を含まないメロディーをあらためて生成してみてください。

□メロディストによる指定楽器の確認

メロディストでメロディーを生成する際には、楽器情報やハーモニー情報が組み込まれる場合があります。これらの指定をあえて避けたい場合は以下の操作を参考にしてください。

「メロディー」メニュー＞「メロディスト選択」ダイアログを開くと、「楽器」「ハーモニー」の右横に【不要】ボタンがあります。

これらをそれぞれクリックすると、メロディストによる指定を無効にすることができます。

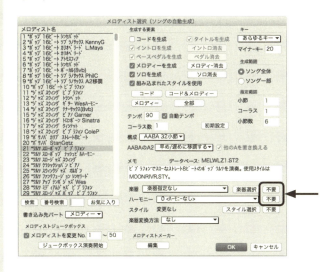

179

活用編②
付属プラグインの活用

付属するSampleTankと
AmpliTubeの活用

　Band-in-a-Boxのインストールディスクには、IK MultimediaのSampleTank2とAmpliTubeのインストーラーが付属しています。どちらも多くのユーザーがいるソフトウェア音源とエフェクト（ギターアンプシミュレーター）で、とても高品位な音を得られます。

　Band-in-a-Box内で直接使用するのではないため、連携するために少々の設定や使いこなし術が必要となりますが、一度仕組みを把握しておけば難しいことではありません。

IK Multimedia製品のインストーラー
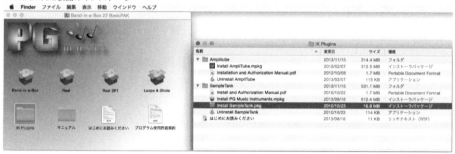

　SampleTankはMIDI情報で演奏されるソフト音源なので、MIDIパートでのみ利用可能です。

　MIDIトラックはパート名が黄色で表示されています。また、水色で表示されるMIDIスーパートラックもMIDIパートなので、音色をSampleTankに切り替えられます。

　AmpliTubeは、ギターやベースのアンプシミュレーターで、オーディオトラック用のエフェクトです。Band-in-a-BoxのMac版にはオーディオトラックがないので、アップル純正の音楽ソフト「GarageBand」での活用法を紹介しています。

　SampleTankとAmpliTubeのどちらも認証、シリアルの取得などが必要ですので、インストールガイドなどを確認して利用できるようにしておきましょう。

　また、IK Multimediaのサイトでは最新版のインストーラーのダウンロードやシリアルの発行などがおこなえます。

活用編② | 付属プラグインの活用

♪ ヒント

IK Multimediaサイトの公式情報をチェック

OSX10.9以降の環境とGarageBand10でIK製品をAUプラグインとして使用する際の、問題と解決策がIK MultimediaのFacebookなどで公開されています。該当する環境の場合はチェックしておきましょう。認証をしても再度促される場合があることや、AmpliTubeでプリセットを呼び出せない場合の対処も解説されています。

IKサイトのFAQでリンクが案内されている

Facebook noteに公開されている対処策などをチェックしておきたい

　IK MultimediaのFacebook Noteページで紹介されている対処法によると、AmpliTubeのプリセットが表示されない場合の対処として、以下のAの階層のプリセットファイルをコピーしてBの階層にペーストすることで表示されると記載されています。実際に作業する際はIKサイトを確認してください。

(A) 起動ディスク/ユーザ/（ユーザ名）/ライブラリ/Preferences
「com.ikmultimedia.AmpliTube 3.plist」

(B) 起動ディスク/ユーザ/（半角ユーザ名）/ライブラリ/Containers/com.apple.garageband10/Data/Library/Preferences

183

MIDI パートを SampleTank で演奏

　ここでは、Band-in-a-Box と SampleTank（スタンドアローン版）をそれぞれ同時に立ち上げて、Band-in-a-Box の演奏情報を IAC ドライバ（IAC バス）経由で SampleTank へと送ります。

|準備|

　SampleTank のスタンドアローン版が正しくインストールできていることを確認しておきます。

|手順|

IAC ドライバの設定

1）「アプリケーション」＞「ユーティリティ」＞「Audio MIDI 設定」を起動（①）。
※ AudioMIDI 設定は MacOS に含まれるユーティリティです。

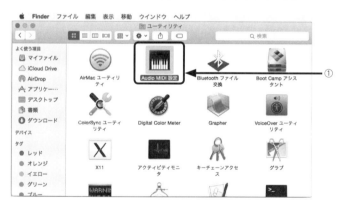

2）「ウィンドウ」メニュー＞「MIDI スタジオを表示」を選択。
※ すでに MIDI スタジオが開いている場合はこの操作は不要です。

> ♪ ヒント
> 「MIDI スタジオを表示」は、旧バージョンの OSX では「MIDI ウィンドウを表示」になっている場合があります。

活用編②|付属プラグインの活用

3)「MIDI スタジオ」ウィンドウの「IAC ドライバ」をダブルクリック(②)。
　→「IAC ドライバのプロパティ」画面が開きます。
4)「装置はオンライン」にチェックを入れる(③)。
5)「ポートを追加または削除」の「+」をクリック(④)。
　→「IAC バス 1」が追加されます。

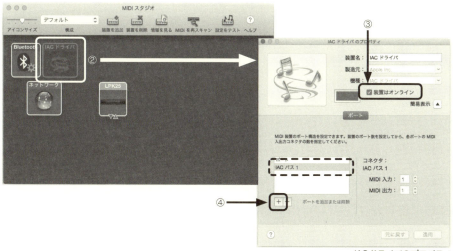

IAC ドライバのプロパティ

6) ポート名を半角英語の「IAC BUS 1」に変更(⑤)。

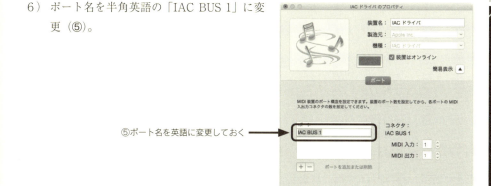

⑤ポート名を英語に変更しておく

♪ヒント

ポート名に日本語(全角など2バイト文字)が含まれると、今後の作業で文字化けしたり表示されない場合があります。これを避けるため今のうちに英語表記にします(半角英数なら他の名称でもかまいません)。

185

これで、IACドライバ（仮想MIDIポート）が有効になりました。

> ♪ ヒント
>
> SampleTank以外にもスタンドアローンの音源を同時に使いたい場合は、「+」をクリックして必要なだけのIACバスを作成しておきます。なお、SampleTankは、16の音色を同時に読み込めるマルチティンバー音源なので、ベース、ピアノ、ギター、ストリングス、メロディー……と複数のパートで使いたい場合でも、1つだけIACバスを用意すれば大丈夫です。
>
> 必要であればバスは複数作成可能

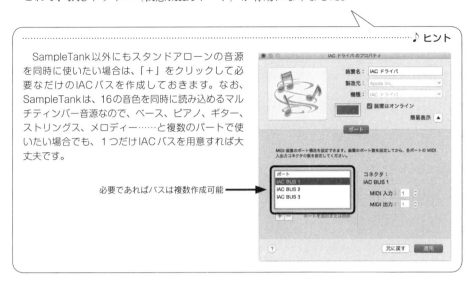

Band-in-a-Box での IAC バス用の MIDI 出力設定

手順

1) Band-in-a-Box を起動。
2) 「MIDI」メニュー>「CoreMIDI ポートの設定」を開く（①）。

> ♪ ヒント
>
> 「CoreMIDIポートの設定」が表示されない場合は、「MIDIドライバの選択」ダイアログを開き、「Mac OSXCore MIDI」を選択して「OK」をクリックすると、メニューに「CoreMIDIポートの設定」が表示されるようになります。

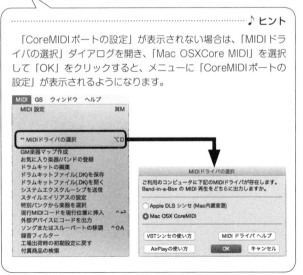

3)「MIDI出力」の「ベース」を「IAC BUS 1」に切り替える(②)。
　→これでBand-in-a-Boxのベースパートは、IACドライバを経由してSampleTankで演奏されます。

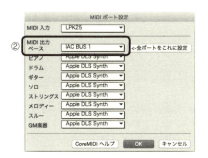

4) SampleTankで演奏したいパートを同様に「IAC BUS 1」に設定する(③)。
5)「OK」をクリックして画面を閉じる(④)。

MIDI出力先をお好みで設定する

> ♪ヒント
> 「AppleDLS Synth」はMac内蔵音源で演奏されます。
> 「BIAB Virtual Output」はIACバスと同等の機能ですが、相手側の音源によってはうまく連携できない場合があります。その場合はIACバスで試します。
> MIDIインターフェースや外部ハードウェアMIDI音源を導入している場合も、ここに表示され、MIDIパートの出力先として指定可能です。

　これでBand-in-a-Box側でのIACバスを使用する準備は完了です。

音源側(SampleTank)でのIACバス用の設定

準備

　相手となる音源とBand-in-a-Boxでチャンネルを合わせる必要があるため、各パートがどのMIDIチャンネルで制御されているかを確認しておきましょう。

　「MIDI」メニュー>「MIDI設定」を開き、各パートが何チャンネルかをメモしておきます。

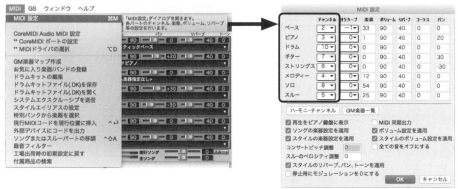

設定を開くと、ベース=2ch、ピアノ=3ch、ドラム=10ch...とチャンネルが設定されていることを確認できる

手順

1) SampleTank を起動（①）。

スタンドアローン版のSampleTank2.5はアプリケーションフォルダ内にインストールされている

2) 「Settings」メニュー＞「Audio MIDI setup」を開く（②）。

3）Midi input に「IAC BUS 1」を選択。

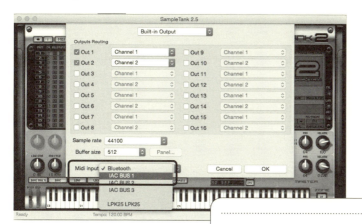

> ♪ヒント
> SampleTankの仕様上、名称に日本語が含まれるIACバスは表示されません。表示がおかしい場合は、184ページ「IACドライバの設定」を参照してください。

4）チャンネルごとに希望する音色を選択。

音色を読み込むチャンネルの「INSTRUMENT」欄をクリックして（③）、「BROWSER」欄で音色をダブルクリックすると（④）、「INSTRUMENT」欄に楽器が読み込まれます。

1から16チャンネルまで16パート分の音色を設定可能

③INSTRUMENT　　④BROWSER

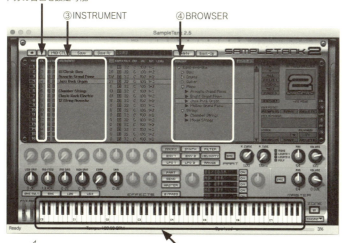

鍵盤をクリックすると選択中のパートの音色を確認できる

> ♪ヒント
> この項の「準備」でメモしたチャンネルを確認しましょう。

♪ ヒント

音色リストが表示されていない場合は
　BROWSER欄に音色が表示されない場合は「RELIST」をクリックします。それでも表示されなければ、PG Music音色セットのインストーラーで音色をもう一度インストールしてみましょう（インストールディスク内のIK Plugins＞SampleTank＞Install PG Music Instruments.mpkg をダブルクリックします）。
　それでもダメなら「PREFS」をクリックして、【Browse】ボタンをクリックして以下の階層を指定します。
　ハードディスク＞ライブラリ＞Application Support＞IK Multimedia＞Instruments（←このフォルダを指定）

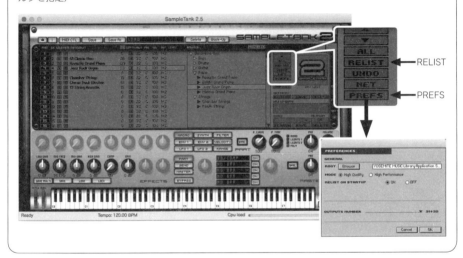

　これでSampleTank側の設定は完了です。Band-in-a-Boxに戻って演奏すると、IACバスが出力先のパートはSampleTankの音色で演奏されるようになります。

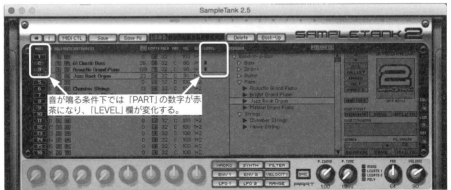

出力先がIACバスのパートはSampleTankで演奏される。

> ♪ ヒント
> Band-in-a-Box側で音色を変更しても、SampleTankの音色は切り替わりません。あくまでも両アプリケーションは別々に起動している状態で、IACドライバ経由の演奏情報で連携している状態です。

もとに戻すには

SampleTankを使わず、Band-in-a-Boxだけでの演奏に戻すには、設定時と同様に「MIDI」メニュー＞「CoreMIDIポートの設定」を選択して開き、各パートの出力先を「IAC BUS 1」から「Apple DLS Synth」に戻します。

SampleTankの編集

SampleTankの編集画面は製品版と同等の機能を持ちます。Band-in-a-Boxで利用する際に便利な機能をいくつか見ておきましょう。

音色の変更

手順

1) 変更したい音色を選択（例では2chのベースを選択）。
2) 「BROWSER」でお好みの音色を選択。

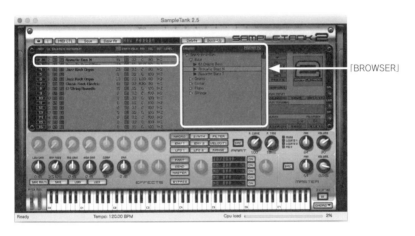

「BROWSER」

音域 (RANGE) の調整

再生音の移調を簡単におこなえます。例えば、ピアノのパートをギター音色に変更して、オクターブ下げたい場合などに便利です。

手順

1) 編集する音色（チャンネル）を選択。
2) 【RANGE】ボタンを選択。
3) 「PART TRNSP」ノブを調節。

活用編② | 付属プラグインの活用

RANGE 調整のポイント

PART TRNSP（パートごとのトランスポーズ）の数値は、1＝半音です。つまり12＝1オクターブとなります。また、低くする場合はマイナスの値を、高くする場合はプラスの値に設定します。例えば、オクターブ低く演奏するには「-12」に、2オクターブ上げるなら「24」に設定します。

なお、再生しながら調整すると、ノートオフを受け取れなくなるからか、音が鳴りっぱなしになることがあります。そういった場合は、一度再生を停止してから数値を指定するとよいでしょう。

音作り

SampleTankには、「FILTER」「ENV 1/2」「LFO 1/2」など、一般のサンプラーやシンセでもおなじみの音作りに関するパラメーターが用意されています。

ボタンを選ぶと左側につまみが表示され調整することができます。例えば「FILTER」を選ぶとFREQ（フリケンシー）やRES（レゾナンス）の項目が現れ、その左ではLPF、BPF、HPFなどのフィルターの種類と、-6、-12、-24dB/octのフィルター特性（SLOPE）などを選べるようになっています。

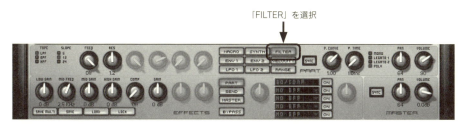

エフェクト

SampleTankにはエフェクトが用意されています。

「PART」を選択すると、選択中の音色にエフェクトを適用します。「SEND」は、リバーブなど空間系エフェクトを呼び出します。「MASTER」はSampleTank全体に適用されるエフェクトです。

右側のラックの表示は、PART、SEND、MASTERそれぞれの項目ごとに表示が切り替わり、5つまで自由にエフェクトを呼び出せます。エフェクトを読み込んだラックを選択すると、左側にエフェクトの詳細設定項目が表示されて編集をおこなえます。

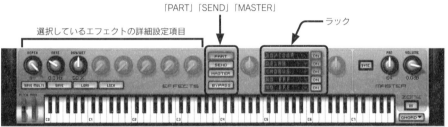

選択パートに対して、ラックの「EQ/COMP」が適用される。左には設定用ノブが表示されている

編集内容の保存

SampleTankで編集した内容を保存するには【Save As】をクリックします。ダイアログが開いて保存先を指定できるので、保存場所を忘れないようにしましょう。「.ikmp」という形式でプリセットとして保存されます。保存したプリセットを読み込むには、プリセットの表示欄①をクリックします。

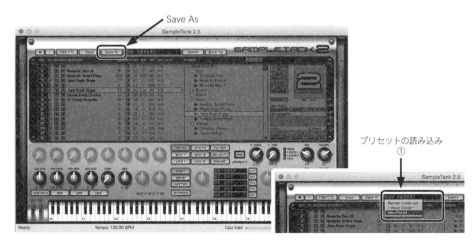

活用編② | 付属プラグインの活用

> 解説！
SampleTank あれこれ

　Band-in-a-Boxに付属する「SampleTankFree2.5.5」（以下、SampleTank2）を使用する上で浮かびがちな疑問点などを紹介します。より理解を深める参考にしてください。

規格の話
　SampleTankはソフトウェア音源です。単体で起動するスタンドアローン版、ホストとなるDAW上で利用するVST・AU版があり、Band-in-a-Boxと連携する場合は、スタンドアローン版を起動し、MacのOSの機能であるIACドライバ（仮想MIDI）で連携します。
　VST、AU版はBand-in-a-Boxでは使用しませんが、いっしょにインストールしておくと、それぞれの規格に対応したDAWで利用できます（付属するバージョン2.5は32bitプラグインです。ホストDAWが32bitプラグインを扱える必要があります）。

Band-in-a-Box 専用音色リストについて
　SampleTank2には、Band-in-a-Box開発元のPG Music社が作成した、専用のPG Music音色セットが含まれます。
　このセットには、Band-in-a-Boxのパートに合わせて、ベース、ドラム、ギター、ピアノ、ストリングスの音色が用意されています。
　すでにSampleTankを使用している場合は、以下のインストーラーでこの音色セットだけをインストールして使用することができます。

インストールディスク内の
IK Plugins ＞ SampleTank ＞ Install PG Music Instruments.mpkg

32bit と 64bit を区別
　付属するSampleTank2は32bitプラグインです。他のDAWでVSTやAU版を使用する場合は、32bitプラグインを利用できるかを確認しましょう（j-Bridgeのように、32bitプラグインを64bitアプリケーション上で使用可能にする製品もあります）。

なお、SampleTankにはFree版があり、配布元のIK Multimediaのサイト（www.ikmultimedia.com/jp/）から、誰でもダウンロードして利用できます。現在配布されているSampleTank3は64bitのプラグインです。

少々話が複雑になってきますが、Band-in-a-Boxは32bitアプリケーションですが、IACドライバを間に介しているので、64bitのSampleTank3とも連携は可能です。

仕組みとしては、Band-in-a-BoxはIACドライバと通信しているので、SampleTank以外のソフト音源であっても、IACドライバの仮想ポートと連携のとれるものであれば、32bit・64bit問わず連携が可能です。

ただし、Free版にはBand-in-a-Box専用の音色リストは含まれません。

最新のSampleTank3

SampleTank3の製品版では、旧バージョンの音色を「legacy instruments」としてコンバートして読み込むことができます。

※ Free版ではlegacy instrumentsは扱えません。

このBand-in-a-Box用音色セットも変換すれば読み込み可能です。興味がある方はIK Multimediaのサイトなどを確認して挑戦してみてはいかがでしょうか。

※ コンバートには結構時間がかかるようです。余裕を持って作業しましょう。

SampleTank3もIACドライバ経由でBand-in-a-Boxの音源にする手順は同じです。

DAWモードでのSampleTank

SampleTankを演奏するように指定しているBand-in-a-Boxのパートは、DAWモードや「DROP」ゾーンでオーディオには変換できません。

これは、「DROP」ゾーンでオーディオにできるのはアップルシンセを鳴らしているMIDIパートだけだからです。

そこで、まずはパートをMIDIファイルで書き出してGarageBandなどオーディオ書き出し機能を持つ音楽ソフトに読み込み、そちらでオーディオファイルにするとよいでしょう。

活用編③
GarageBand との連携

GarageBandと連携して
ボーカルや楽器を録音する

　GarageBandと連携すれば、生楽器の演奏やボーカルを録音したり、エフェクトを使うなど、より楽曲を作り込むことも可能です。

　扱う楽器や目的によって作業は少々異なると思いますが、連携作業の例として、Band-in-a-Boxで作成した伴奏に、GarageBandでオリジナルのボーカルパートを加えて完成させるシンプルな手順を一例として紹介します。もちろんボーカルの代わりにギターやシンセなどを加えてもよいでしょう。

Information

　GarageBandはアップル純正の音楽制作ソフトです。初心者向けというスタンスではありますが、最低限の機能はひと通り用意されています。

　オーディオやMIDIの録音と編集をおこなえて、ソフト音源やエフェクト、ループ素材なども付属しているので、Band-in-a-Boxと連携してさらに楽曲を作り込むのにもとても相性がよいでしょう。

　Macを新規購入した場合は、すでにインストールされているので、すぐに使うことができます。また、お持ちでない場合や、旧バージョンユーザーの場合も、GarageBandを紹介している以下のアップルサイト内でリンク先のApp Storeから安価にダウンロードすることが可能です。

https://www.apple.com/jp/mac/garageband/

導入方法や詳細な使い方を紹介するには残念ながら紙面も足りませんので、基本的な部分はすでに使いこなされていることを前提として解説していきます。GarageBandヘルプや市販されているGarageBand専用の解説書なども参考にしてください。

また、録音するにはマイクやオーディオインターフェースなどのハードウェアが必要となりますが、ここでは話が複雑にならないように、なるべくシンプルな環境構成で解説をしています。

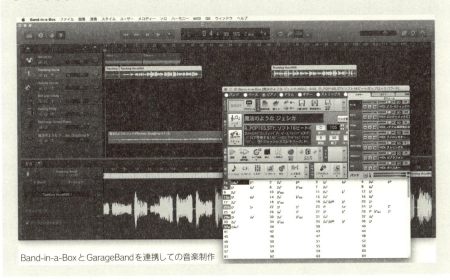

Band-in-a-BoxとGarageBandを連携しての音楽制作

Band-in-a-Box 側の準備

[手順]

1） 伴奏データを作成する。
　　ボーカルや楽器を録音するための伴奏となるソングデータを Band-in-a-Box で作成しておきます。

> ♪ヒント
> このあと、GarageBandでボーカルなどのメロディーパートを録音していくので、メロディーやソロのないソングを用意しましょう。

2）「MIDI」メニュー＞「MIDI ドライバの選択」を開き「Apple DLS シンセ（Mac 内蔵音源）」を選択。

> ♪ ヒント
>
> **MIDIパートのオーディオ化**
>
> MIDIパートでオーディオとして書き出せるのは、Apple DLS Synthを鳴らしているパートに限られます。外部音源やSampleTankを鳴らしているパートはオーディオに変換できません。
>
> そのために、ここでは「Apple DLS Synth」での手順を紹介しています。
>
> どうしてもSampleTankなどで鳴らしたい場合は、MIDIパートをMIDIファイルに書き出して、GarageBandのMIDIトラックに読み込んで希望するインストゥルメントで演奏させるなどの対処が必要になります。

3) ツールバーの【プラグイン】ボタン  をクリックし「DAWプラグインモードを開始」を選択

→ DAWプラグインモードの小さいウィンドウになり、連携作業に効率的な小さい画面になります。

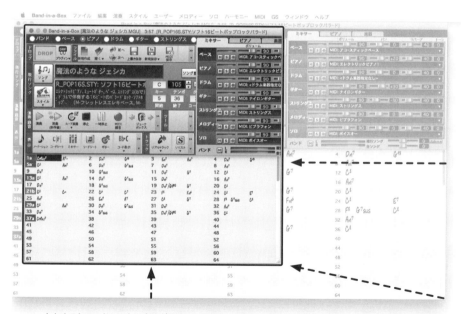

小さくてもコードシートは全体が見渡せるよう縮小される

GarageBand 側の準備

>|手順|

1) GarageBand を起動し、作業するソングを開く。

　例として、ソングライターのテンプレートを開きます。このテンプレートは、ボーカル用に設定されたトラックが用意されていて便利です。

各種設定されているテンプレートをうまく活用する

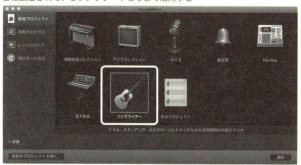

2) 連携して作業しやすいように各ウィンドウを配置。

これから GarageBand と Band-in-a-Box を連携させる

3) ドラムパートをミュートする。

　テンプレートにはドラムのループやギター、ピアノ用トラックもありますが今回は使用しないので、ミュートしておきます。

不要なパートはミュートしておく

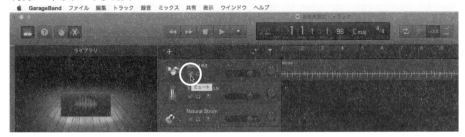

連携しての作業

　Band-in-a-Boxの伴奏をGarageBandに読み込みます。ここでは一番簡単な、伴奏全体（バンドパート）を1つにまとめる方法を紹介します。

[手順]

1）Band-in-a-Box の「バンド」を「DROP」ゾーンへドロップ（①）。
　「DROP」ゾーンがオレンジ色から緑色になったら準備完了です。オーディオ変換に少し時間がかかる場合もあります。

2）緑の「DROP」ゾーンを GarageBand の空白部分（トラックのない付近）にドラッグ＆ドロップ（②）。
　GarageBand に Band-in-a-Box の伴奏が1つのトラックとして読み込まれます。

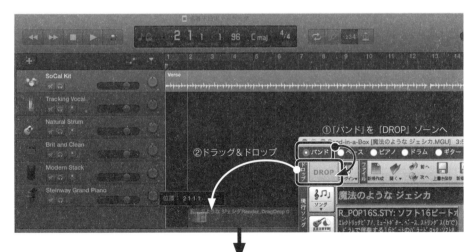

活用編③ | GarageBand との連携

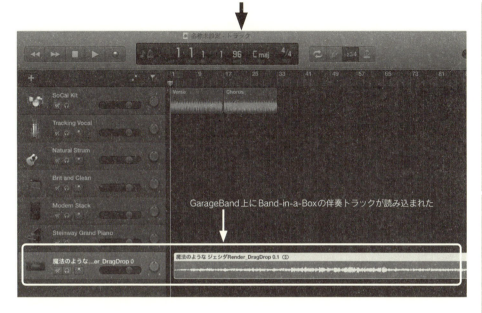

GarageBand 上に Band-in-a-Box の伴奏トラックが読み込まれた

3) イベントの小節頭をそろえる。

　イベントはマウスでドラッグできます。GarageBand 上の小節を合わせるために、イベントの先頭が小節線と一致するようにここで調整しておきましょう。

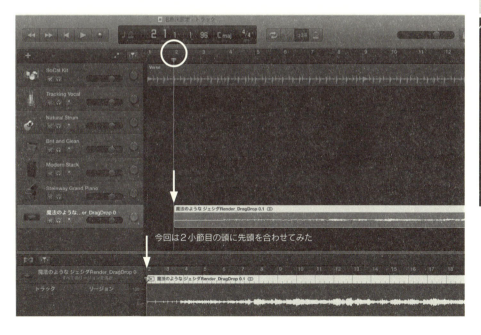

今回は2小節目の頭に先頭を合わせてみた

4) GarageBand のテンポを Band-in-a-Box と合わせる。

GarageBand のテンポ欄（BPM）に Band-in-a-Box と同じテンポを設定します。

テンポ（BPM）をそろえる

5) GarageBand を再生して音を確認する。

【▶（再生)】ボタンをクリックして聴いてみましょう。手順3）4）ができていれば、メトロノーム（クリック）と伴奏が同期しているはずです。

「再生」　　　　　　　　　　　　メトロノームのオン・オフ

イベント位置やテンポ指定を正確におこなえばクリックも一致する

6) GarageBandで音量を調整する。

トラックのボリュームフェーダーで音量を調整します。もしくはダブルクリックして数値を直接入力します。

パートごとの音量調整は、あとで録音するボーカルパートとのバランス調整にも役立ちます。

トラックごとの音量をボリュームフェーダーで調整

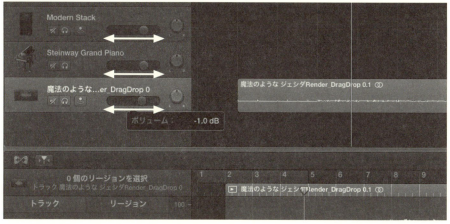

GarageBandでの録音と編集

手順

1) ボーカルトラックに録音。

ボーカル用のトラックを選択し（①）、【●（録音）】ボタン（②）をクリックします。録音がはじまったらマイクに向かって歌ったり楽器を演奏します。手拍子を録音してもよいでしょう。

録音が終わったら【■（停止）】ボタン（③）をクリックします。

録音したボーカルトラックにイベントが作成され、中にオーディオ波形が表示されます。

♪ヒント

スライダーでの録音レベル調整や画面の出し方などは、212ページ「録音レベルの調整」を参照してください。

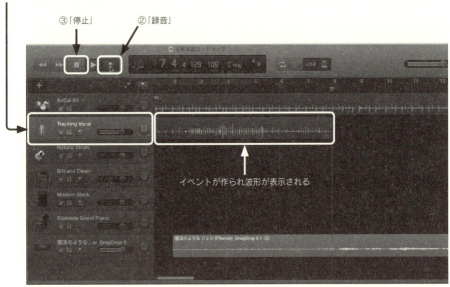

イベントが作られ波形が表示される

2）パートごとの音量を調整。

ボリュームフェーダーで、ボーカルと伴奏の音量を調整します。なお、実際には後述するエフェクト設定でも音量は変化するので大まかな調整でよいでしょう。

それぞれのトラック音量を大まかに調整

活用編③ | GarageBandとの連携

3) エフェクトの利用（ライブラリ）。

トラックごとにエフェクトを読み込むことができます。最初はライブラリ（エフェクトの組み合わせ）を活用すると仕組みがよくわかります。

- 「ライブラリ」（①）をクリック
  → ライブラリが表示されます。
- 「SmartControl」（②）をクリック、「インスペクタを表示」（③）をクリック
  → トラックに関する詳細な設定項目を確認できるようになります。
- 「プラグイン」をクリック（④）
  → トラックごとのプラグインに関する項目が表示されます。
- 対象トラック（ここではボーカル）を選択（⑤）
- お好みのライブラリを選択（⑥）
  → ライブラリを変更するとプラグインの設定も変化します。名称でおおよそのサウンドが想像できるようになっています。例えば、Bright Vocalなら明るいサウンドのボーカル向けの設定になります。

他にもClassic（昔ながらの）、Cmpressed（コンプレッションの効いた）、Tele-phone（電話やラジオのような）、Tube（真空管）サウンド、Experimental（実験的な）など、いろいろ試してみましょう。

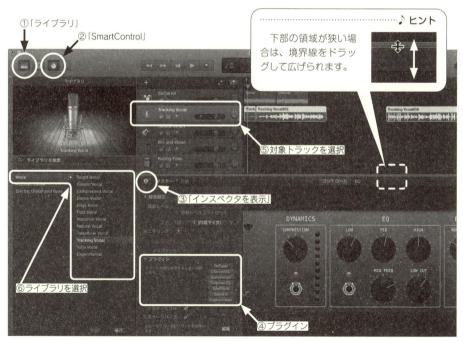

♪ヒント
下部の領域が狭い場合は、境界線をドラッグして広げられます。

♪ ヒント

プラグインごとの調整をおこなうには、プラグイン名にカーソルを合わせて、中程をクリックすると設定画面が表示されます。

下の図は現在オフになっているDeEsserの設定画面です。DeEsserではボーカル特有の歯擦音（主にサ行のノイズ）を処理できます。手動設定やプリセットの呼び出し、電源ボタンでのオン・オフなどが可能です。他にもいろんなエフェクトが用意されています。

プラグイン個々の設定やオン・オフも可能

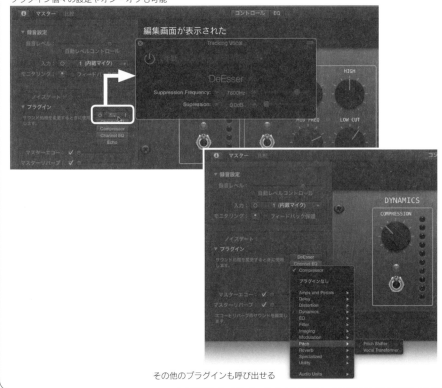

その他のプラグインも呼び出せる

4) マスタートラックのリバーブやエコーを調整。

テンプレートによっては、マスタートラック（最終的な音の出口）にリバーブやエコーが読み込まれて響きが加えられています。

調整内容としては主に以下の2つがあります。

　　マスターのリバーブやエコーの設定を調整
　　各トラックにどのくらいリバーブやエコーをかけるか

活用編③｜GarageBand との連携

リバーブやエコーの設定（響き）を調整するには、マスターの設定を開きます。

- 「マスター」（①）をクリックし、「マスターリバーブ」で「マスターエコー」を選択（②）
  →マスタートラックの設定画面が開きます。

♪ ヒント
リバーブやエコーを使うと、ホールのような豊かな響きや、お風呂のような残響、やまびこ（ディレイ）など、空間系と呼ばれるエフェクト効果を得られます。

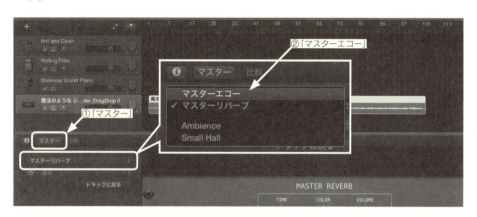

- 響きの種類をプルダウンメニュー（③）から選択
  →画面右（④）ではパラメーター値の微調整も可能です。また電源ボタン（⑤）では、オンオフを切り替えられます。

※ オフにすると全トラックのリバーブやエコー効果がなくなります。

次に、各トラックにどのくらいリバーブやエコーをかけるかを設定します。

- 「トラックに戻る」（⑥）をクリック
  →もとのボーカルトラックの設定画面に戻ったことを確認しましょう。

209

- マスターエコー、マスターリバーブにチェック（⑦）し、それぞれのスライダー（⑧）で各エフェクトの送り量（センド）を調整
  → スライダーを右にするほど、マスターのリバーブなどの効果がより深く得られます。

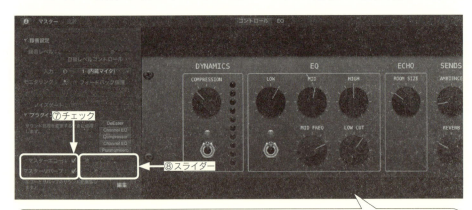

♪ ヒント

トラック個別にリバーブを設定したい場合は、マスターではなくプラグイン欄のエフェクトを使用します。例えば、下図ではボーカルトラックにPlatinumVerbを呼び出しています。いわゆるセンドではなくインサート的な使用法になるので、送り量の調整ではなく、DryとWetで原音とエフェクト音のバランスを調整します（Dry/Wetの項目は、MixやOutputなどの名称で用意されている場合もあります）。

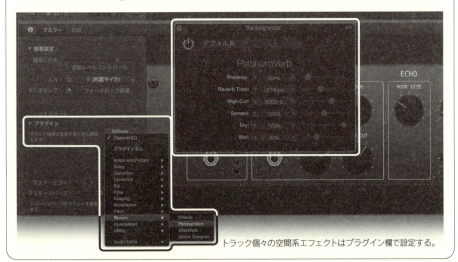

トラック個々の空間系エフェクトはプラグイン欄で設定する。

活用編③ | GarageBand との連携

　パソコンでの音楽制作（DTM）の利点はたくさんありますが、納得がいくまで何度も録音したり、ひとりでボーカル、ギター、ピアノを重ね録りしたりといった自由度もDTMの醍醐味です。

　例えば下図では、2コーラス目をソロ用に空けて、1、3コーラスに分けて歌を録音してみました。それぞれ何度か録りなおし、気に入ったテイクを使っています2コーラス目はBand-in-a-Boxのリアルトラックであらかじめソロを入れていますが、他のトラックにソロパートを重ね録りするのも面白いでしょう。

211

録音レベルの調整

トラックのアイコンをダブルクリックして下部に編集画面を開き、【インスペクタを表示】ボタンをクリックすると設定画面が開きます。スライダーでの録音レベル調整や、「自動レベルコントロール」にチェックを入れるなどの設定をおこなえます。

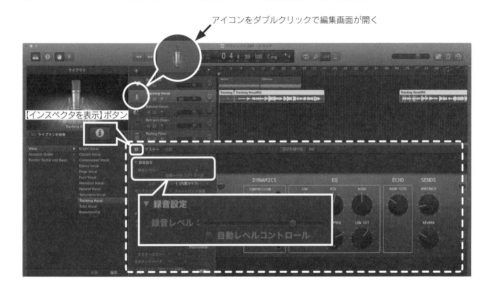

録音するときはヘッドフォンをすることをおすすめします。内蔵のスピーカーから伴奏を流すと、ループしてハウリング（フィードバック）を起こす場合があります。

今回はシンプルに説明するために、Mac内蔵のサウンドデバイス（マイクやスピーカーなど）での録音を前提としています。

なお、Macに搭載されているサウンドデバイスは機種によってさまざまです。例えば、入力と出力ポートが分かれているなら、出力にヘッドフォンを接続して伴奏を聴きつつ、MacBookのマイクに向かって歌えば、伴奏が入り込むことなくボーカルだけを録音できます。1つのポートで入出力をかねる機種もあるでしょう。チャット用のヘッドセットやiPhone用のヘッドフォンが使える場合もあります。これらはあまりこだわらずに体験するには十分便利でしょう。

音質や処理能力にこだわるなら別途オーディオインターフェースを用意するべきでしょう。専用の機器はやはり高性能で安定します。まだお持ちでない場合は、DTM関連の充実

活用編③ | GarageBand との連携

した販売店で相談したり専門誌で調べてみましょう。

使い慣れたオーディオインターフェースやマイクなどの機材をお持ちであれば、もちろんそちらを使用してください。

GarageBand からのオーディオ書き出し

トラックごとの音量やエフェクトの調整などが終わったら、オーディオに書き出してみましょう。

メニューの「共有」から希望するファイル形態を選択

ここでは「曲をディスクに書き出す」を選択します。保存先やファイル形式を選択してオーディオファイルとして書き出せます。

> ♪ヒント
> 共有のメニューは、iTunesへの転送や、SoundCloudへのアップロード、メールに添付など目的別のメニューとなっており、それぞれに必要な設定画面が適宜開きます。

「曲をディスクに書き出す」では、保存先や保存形式を指定できる。

AIFFならCD品質並みの高品質で、圧縮オーディオのAACやMP3なら小さい容量かつ高品質なオーディオファイルが書き出されます。

書き出されるファイルは一般的な形式のオーディオファイルなので、CD作成ソフトでCDを作ったり、オーディオプレイヤーで楽しんだり、Webサイトに投稿したりすることができます。

GarageBandから書き出されたオーディオファイル（AIFF）

213

伴奏を個別に(マルチトラックで)書き出す

　Band-in-a-Boxの「DROP」ゾーンでは、パート単位での書き出しや、すべてのパートを一気に個別に(マルチトラックで)書き出すことも可能です。

特定のパートのみの書き出し

> 手順

1) 書き出したいパートを「DROP」ゾーンへドロップ
2) 「DROP」ゾーンが緑色になったら、「DROP」ゾーンから目的に応じてドロップ
　→緑の「DROP」ゾーンをデスクトップへドロップすれば、そこにファイルが作成されます。GarageBandなどのDAWへドロップすると、そこにトラックが作成されます。

ピアノパートをドロップすればピアノパートだけのファイルが書き出される。

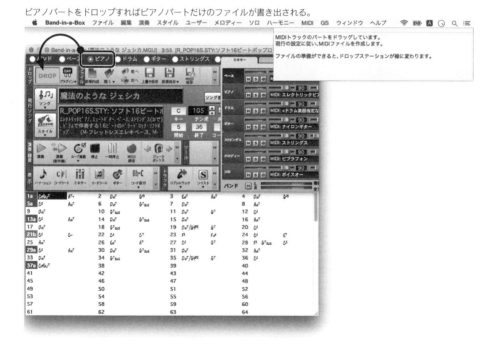

活用編③ | GarageBand との連携

MIDI パートを書き出す形式の調整

　MIDI パートを「DROP」ゾーンへドラッグして生成されるファイル形式が MIDI ファイルかオーディオファイルかは「DAW プラグイン設定」の設定によります。

　しかし、修飾キーを押しながらドロップすることで、強制的にファイル形式を指定でき便利です。

[shift] キー＋ドラッグ：強制的に MIDI ファイルで書き出し
[control] キー＋ドラッグ：強制的にオーディオファイルで書き出し

修飾キーを使えばこの設定に関わらずファイル形式を指定できるので便利

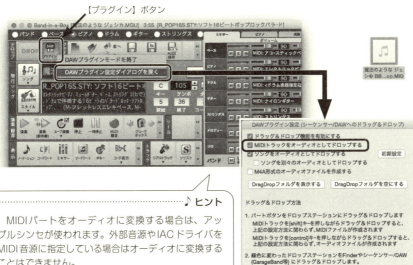

♪ ヒント

　MIDI パートをオーディオに変換する場合は、アップルシンセが使われます。外部音源や IAC ドライバを MIDI 音源に指定している場合はオーディオに変換することはできません。
　MIDI パートに関する機能ですので、リアルトラックやリアルドラムなどオーディオのトラックは MIDI ファイルで書き出せません。

215

全パートをマルチトラックで書き出す

「バンド」をドロップした際に、ひとまとめではなくパートごとに個別に(マルチトラックで)書き出すには、以下を設定します。

[手順]

1)【プラグイン】ボタン > 「DAW プラグイン設定」ダイアログを開く。
2)「ソングを別々のオーディオとしてドロップする」にチェックを入れる。

これで、「バンド」を「DROP」ゾーンにドロップして、GarageBandなどにドロップすると、それぞれのパートがオーディオとして個別に読み込まれます。

♪ヒント
すべてオーディオで書き出されます。MIDIトラックとして読み込みたいパートが1つだけあるような場合は、別途MIDIとして個別に読み込んで、オーディオに変換されたものは削除するなどで対処しましょう。

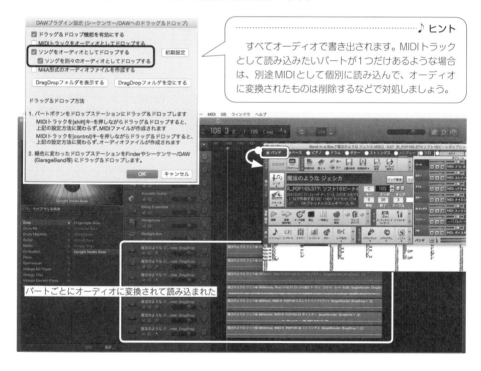

パートごとにオーディオに変換されて読み込まれた

活用編③ | GarageBand との連携

ソングをスタンダード MIDI ファイルで書き出す

ソングをスタンダード MIDI ファイルとして書き出すには、ファイルから「ソングを MIDI ファイルとして保存」を選択します。

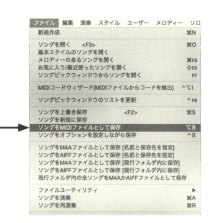

書き出された MIDI ファイルを GarageBand にドロップすると、トラックごとに別々の MIDI トラックとして配置されます。その際、ベースならベース系の音源が、ドラムはドラムトラックとして、ある程度自動で読み込まれます。

※ 音源が割り当てられない場合や異なる音源が割り当てられる場合もあります。

MIDI ファイルを GarageBand にドロップしたところ
パートごとに個別の MIDI トラックが作成され音色もパートに合うものが設定されている

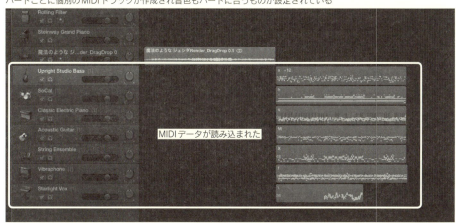

♪ヒント

「追加コンテンツが必要です」とメッセージが表示される場合があります。これは GarageBand の仕組みとして、容量の大きい音源ファイルはあとからダウンロードする場合があるためです。「ダウンロード」をクリックすることで追加されます。

217

リアルチャート付きのトラックの MIDI への書き出し

リアルトラックなどのオーディオパートはスタンダードMIDIファイルには含まれません。

リアルチャート付きのトラックは、リアルトラックでありながらMIDI情報も持っておりMIDIファイルに含ませることが可能ですが、そのためには設定が必要です。以下の設定項目にチェックを入れます。

[手順]

1）【リアルトラック】ボタン ![] から「リアルトラック設定」ダイアログを開く
2）「MIDIファイルにリアルチャートを保存する」にチェックを入れる

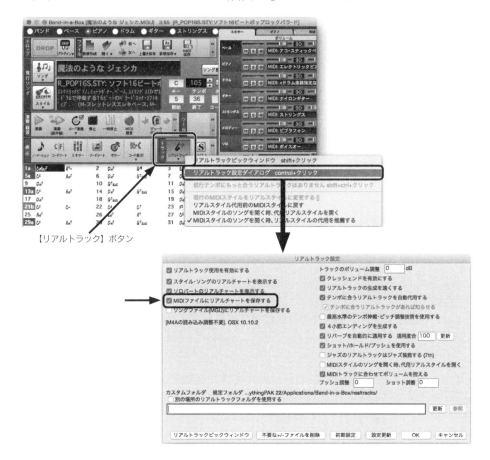

活用編③｜GarageBandとの連携

　以下の図に含まれるリージョン（イベント）は、左から、ひとまとめのバンドパート、「DROP」ゾーンから読み込んだマルチのオーディオトラック、MIDIファイルで書き出して読み込んだMIDIトラックです。
　わかりやすく横にならべましたが、同じ時間上に配置して、必要な箇所だけ利用するなどすれば、MIDIとオーディオのよいところを活用して作品を作り込むといった使い分けも可能です。

いろいろな方法で読み込んだBand-in-a-Boxのパート

書き出されたファイルの管理

「DROP」ゾーンから書き出されたファイルは以下の方法で確認できます。

手順

1) 【プラグイン】ボタン > 「DAW プラグイン設定ダイアログを開く」を選択。

2) 「DragDrop フォルダを表示する」をクリック。

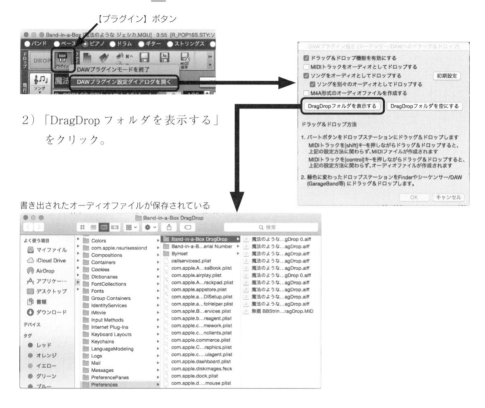

DAW でオーディオファイルを見失わないために

DAWによっては、オーディオファイルを読み込んでも、そのプロジェクトにはコピーされず参照するだけの場合があります。そうすると、このフォルダ内のファイルが削除されると、ファイルを見失って音が鳴らなくなるので、DAW用のオーディオフォルダにコピーするなどの対処が必要です（もしくはDAW側で、外部参照ファイルをコピーするメニューがあるかどうかなど確認しましょう）。

この確認はとても大切なので忘れないようにしましょう。

連携作業でのギターに関する情報

前項までに、Band-in-a-BoxとGarageBandでの連携作業を、主にボーカルを例に解説をしましたが、ギタリスト向けの情報をいくつか紹介しておきます。

ギターの録音前に

ギターサウンドは、エフェクターやアンプで音作りをしますが、パソコン内（プラグイン）でバーチャルにエフェクトをかけたり、アンプをシミュレートしたりすることもあります。GarageBand付属のエフェクトプラグインや、Band-in-a-Boxにインストーラーが付属するAmpliTubeなどがそれにあたります。

ギター録音のポイント

ギター録音では、エフェクトをパソコン内でかけるか、音作りずみのサウンドを録音するかで扱いが異なります。

パソコン側でかけるなら素の音で（クリーンな音をダイレクトに）録音しておきます。オーディオインターフェースのHi-Z端子にギターを直接接続して録音するとよいでしょう。

エフェクトも含んだ音を録音する場合は、キャビネットの音をマイクで録音したり、エフェクター経由でライン接続したり、USB搭載のマルチエフェクターでパソコンと接続したりといった構成が考えられます。

また、録音トラックを2つ用意して、DI経由で一方はキャビネットからエフェクターありの音を、もう一方は直接クリーンな音を録音しておけば、あとからでもパソコン内のエフェクトも試せます。また2つのトラックの音を混ぜるのも面白いでしょう。

Band-in-a-Boxのリアルトラックでは、あとからエフェクトをかけられるようにダイレクトに収録されたギターパートもあります。

GarageBand のギターエフェクター

　GarageBand10では、「Amps and Pedals」内にギター向けエフェクトとして、アンプサウンドを再現する「Amp Designer」やコンパクトエフェクターを集めた「Pedalboard」などが用意されています。

　トラックにエレキギター系のライブラリを指定すると、これらのギター向けエフェクトが「プラグイン」欄に読み込まれた状態になっています。

> ♪ヒント
> ライブラリを表示するには【ライブラリ】ボタン（①）をクリックします。
> 　プラグイン欄が表示されていない場合は、対象トラックを選択しておき【インスペクタを表示】ボタン（②）をクリックします。

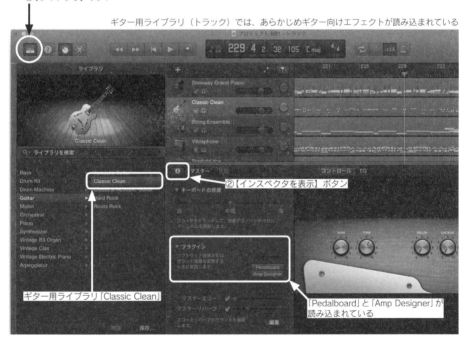

ギター用ライブラリ（トラック）では、あらかじめギター向けエフェクトが読み込まれている

①【ライブラリ】ボタン
ギター用ライブラリ「Classic Clean」
②【インスペクタを表示】ボタン
「Pedalboard」と「Amp Designer」が読み込まれている

活用編③ | GarageBand との連携

もしくは、「プラグイン」欄のプルダウンメニューから自分で指定することも可能です。

また、「プラグイン」欄に表示されている【Pedalboard】や【AmpDesigner】ボタンの真ん中をダブルクリックすると、詳細な設定をおこなえます。
※ シングルクリックするとプルダウンでメニューが表示されます。

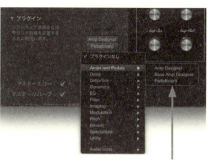

「Amps and Pedals」内に用意されたギターやベース向けエフェクト

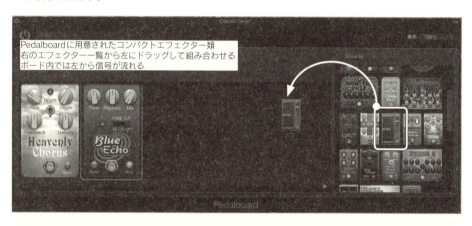

Pedalboardに用意されたコンパクトエフェクター類
右のエフェクター一覧から左にドラッグして組み合わせる
ボード内では左から信号が流れる

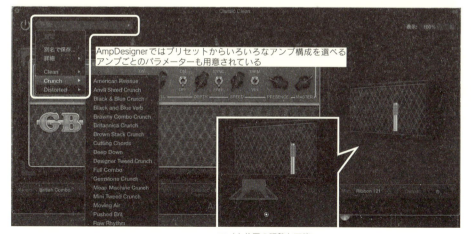

AmpDesignerではプリセットからいろいろなアンプ構成を選べる
アンプごとのパラメーターも用意されている

マイク位置の調整も可能

223

Band-in-a-Box のギター用リアルトラック

　Band-in-a-Boxのリアルトラックには、あとでエフェクトをかけられるようにクリーンサウンド（ダイレクト）の用意されているものがあります。ツールバーの【リアルトラック】ボタン をクリックして「リアルトラックピックウィンドウ」を選択して画面を確認してみましょう。

　リアルトラックピックウィンドウで「D（ダイレクト）」欄に「y」のマークがあるものは、エフェクトのないクリーンなサウンドも収録されています。ダイレクトで生成するには、「ダイレクト」にチェックを入れてから【リアルトラック生成】ボタンをクリックします。

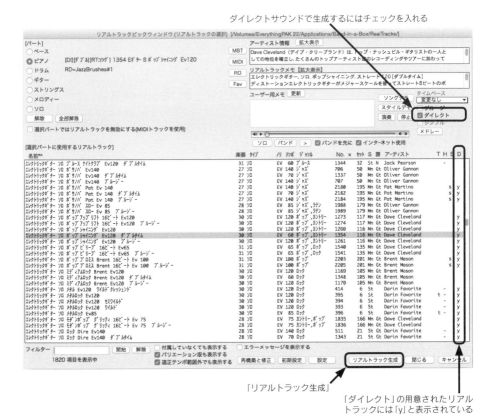

　このクリーンサウンドのギタートラックをBand-in-a-Boxで生成してから、Garage Band側に読み込んでエフェクトをかけると、お好みのギターサウンドを楽しめるでしょう。

活用編③ | GarageBand との連携

付属の AmpliTube

Band-in-a-Box 付属の AmpliTube（Audio Units 版）をインストール済みの場合は、GarageBand のオーディオトラックで、他のエフェクト同様に呼び出すことが可能です。

この AmpliTube は IK Multimedia のサイトからダウンロードできる「Ampli Tube Custom Shop」とほぼ同等のものです。

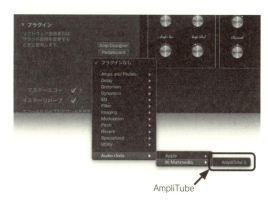

AmpliTube

GarageBand での AmpliTube

♪ ヒント

IK サイトのアカウントがあれば、「My Products（登録製品）」から誰でもダウンロードできます。AmpliTube のプリセットが表示されない場合は、前述のヒント「IK Multimedia サイトの公式情報をチェック」（183 ページ）を参考にしてください。

もちろん、Band-in-a-Box のリアルトラックでダイレクトに収録されたものを GarageBand に読み込んで、Amplitubeb で音作りすることも可能です。

自分の好みのエフェクトで自由に音作りを楽しんでください。

225

さらに楽曲を作り込む

GarageBandでの楽曲に磨きをかけられる機能をいくつか紹介しておきます。

GarageBandでのオートメーション

オートメーションを使うと、ボリュームフェーダーやパンの操作を記憶させたり、各種プラグインのパラメーター操作も記憶できます。

例えば、演奏のボリュームにばらつきがある場合などに、以下の手順で、音量フェーダーをオートメーションさせて音量を調整するにも重宝します。

[手順]

1)「オートメーションを表示/隠す」をオンにする（①）。
2) 目的のトラックの「オートメーションを有効にする」をオンにする（②）。
3) ダブルクリックでポイントとなる値を入力していく（③）。
　→これで再生時にグラフ通りにボリュームフェーダーが自動で変化します。

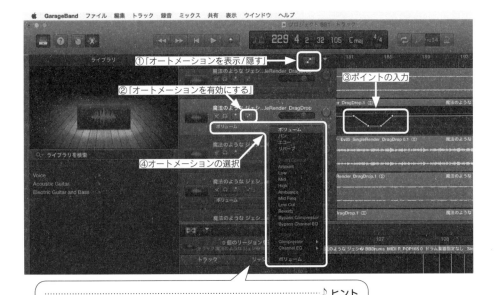

♪ヒント
編集したいオートメーションをプルダウンメニュー（④）から選択します。

Flex を有効にしてタイミング調整

GarageBandのオーディオトラックのイベント（リージョン）をダブルクリックして下部に開くエディット画面では、「Flexを有効にする」にチェックをいれると、オーディオが分析されて波形の山ごとにスライスされます。スライスされた部分を左右にドラッグすれば、タイミングの揺れなどを自由に調整することができます。

ちょっと出るのが送れた、少しノリを後ろにしたい、などの編集にも役立つでしょう。

縦線を左右にドラッグするとタイミングの調整ができる

活用編④
VOCALOID と連携した制作

ここでは、すでに Mac で VOCALOID を使っている方向けに、Band-in-a-Box と VOCALOID を組み合わせた音楽作りの作業例を紹介します。
　パソコンに歌わせる……。ちょっと前までは困難でした。それが、今ではずいぶんと手軽に楽しめるようになりました。作品にしたい歌詞はあるけど演奏や歌は苦手……という人はもちろんのこと、応用すれば、オリジナルのボーカル曲作成や、スタンダードのテーマを VOCALOID で……、なんてことも可能です。自由な発想で挑戦してください。

準備

作業の流れをつかむ

　各種ソフトや各種規格を連携しての作業となるので、作業全体の大まかな流れをつかんでおきましょう。ここでは、Band-in-a-Box の何でも自動生成機能（メロディスト機能）で楽曲を作成して、メロディーを VOCALOID に歌ってもらいます。歌詞だけは別途、用意しておきましょう。
　解説用の環境ですが、VOCALOID の歌声ライブラリとして「マクネナナ」を、歌声ライブラリを編集するために Piapro Studio を使用しています。また、全体作業用の DAW には PreSonus の Studio One 2 Artist PiaproEdition を使用します。
　Studio One 上で、Band-in-a-Box で生成したパートをオーディオや MIDI で貼り付けて編集し、VST 版の Piapro Studio を呼び出して VOCALOID 関連の編集をおこない、全体をミックスしてオーディオに書き出して完成！　という流れです。

いろいろな選択肢
　歌声ライブラリや編集用エディタ、中心となる DAW などにはさまざまな選択肢があります。以上は執筆時に確認した組み合わせですので、一例として参考にしてください。
　例えば、使用する DAW に関してなら、Piapro Studio（VOCALOID エディタ）には VST 版と AU 版があるので、これらに対応していれば Studio One 以外でも同じような作業が可能です。本書で登場する GarageBand なら AU 版の Piapro Studio を使用できます。
　エディタに関しては、Cubase ユーザーならヤマハ製 VOCALOID4 Editor for Cubase

（ボカキュー）でも歌唱データの編集をおこなえます。

歌声ライブラリも作品や好みに合わせて選ぶとよいでしょう。

最新バージョンを確認する

使用するソフトなどについては、それぞれ開発元のウェブサイトなどを確認して最新バージョンを使用しましょう。最新版にすることであらたな規格に対応していたり、不具合が解消する場合もあります。ここでは Piapro Studio 2.0.0.6、Studio One 2.6.5、を利用しています。また、マクネナナの公式アイコンセット（http://macne.net/download）をダウンロードしてセットしています。

複数のソフトを組み合わせて作業をする。それぞれ最新バージョンをチェックしておきたい

© 2015 マクネナナプロジェクト

Band-in-a-Box 側の準備

● ソングの準備

メロディスト機能を使ってBand-in-a-Boxのソングを自動で作成しておきます。

ソングの自動作成に関しては 📖 **「活用編①すべておまかせでオリジナルソングを作成」**（167ページ）を参照してください。「すべてを自動で生成させる場合」を活用すると、メロディーを含めてすべてが自動で生成されるので便利です。

「メロディスト選択」ダイアログの「書き込み先パート」では、メロディーかソロを選べます（①）。あとで歌詞を入力するパートとなるので、どちらが選ばれているかを確認しておきましょう。ここでは、メロディーパートにメロディーを生成します。

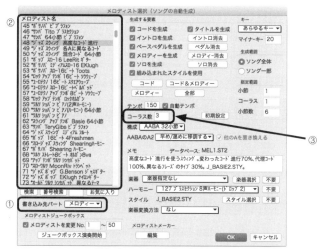

コーラス数やジャンルなど自分の意図を盛り込むのも面白い

すべて自動とはいえ、少し手を加えると、オリジナル性が出て面白くなります。例えば、「メロディスト名」欄でメロディストを指定すると、ジャンルやアレンジをある程度指定できます（上図②）。また、「コーラス数」を指定すると曲の長さが決まります（上図③）。歌詞が2番まで用意できているなら、3コーラスにして真ん中のコーラスには別途リアルトラックで生成した楽器ソロを入れるのもよいでしょう。自由にソングを作成してください。

● DAWプラグインモードにしておく

DAWプラグインモードにして、他のアプリケーション（ここではStudio One）と連携を取れる状態にしておきましょう。

DAW 側の準備

●新規ソングの準備

今回の作業の中心となる DAW ソフトを起動して新規に曲を作れる状態にしておきます。ここでは Studio One 2 を使用しますが、使い慣れたソフトがある場合はもちろんそちらを使用してください。各 DAW の操作や詳細に関しては、それぞれのマニュアルなどで確認してください。

今回の作業の中心となる Studio One を起動し新規ソングを準備する

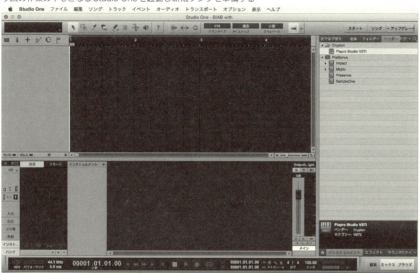

●テンポをそろえる

Band-in-a-Box のデータを読み込むので、DAW のテンポを Band-in-a-Box にそろえておきます。

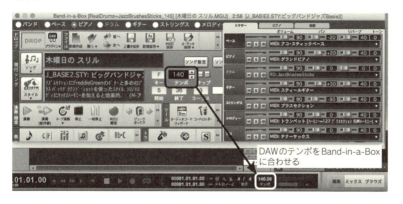

DAW のテンポを Band-in-a-Box に合わせる

VOCALOID エディタの準備

DAW上でエディタを呼び出します。

Studio Oneではブラウザから「Piapro Studio」をメイン画面へドロップすると、専用のトラックが作成されてそこにPiapro Studioが読み込まれます。

Piapro Studioをメイン画面へドロップ

専用トラックが作成される　　　　Piapro Studioが開く

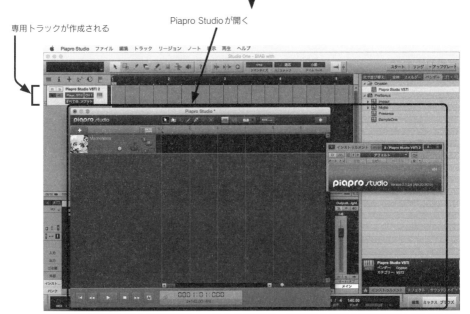

確認のためにこの時点でPiapro Studioを準備した。使用するライブラリの設定はあとからでもよい

© 2015 マクネナナプロジェクト

Band-in-a-Box から DAW へデータを流し込む

● DAW に Band-in-a-Box のデータを読み込む

Band-in-a-Box の「バンド」を「DROP」ゾーンへドロップしてしばらく待ちます（①）。「DROP」ゾーンが緑になったら Studio One のメイン画面へとドラッグ＆ドロップします（②）。詳細は 「全パートをマルチトラックで書き出す」（216ページ）なども参考にしてください。

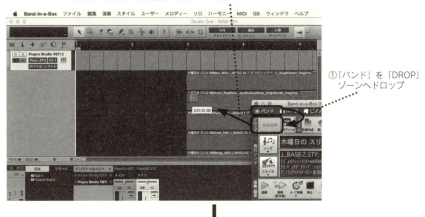

②「DROP」ゾーンが緑になったら Studio One のメイン画面へとドラッグ＆ドロップ

①「バンド」を「DROP」ゾーンへドロップ

Studio One に Band-in-a-Box のバンドがマルチトラックで読み込まれた

トラックが作成された

♪ヒント
マルチトラックで書き出すことで、不要なパートをミュートしたり、さらに作り込むことが可能です。なお、VOCALOID用のメロディーパートは、このあとに別途MIDIで書き出します。

他のトラックなどがないStudio Oneのメイン画面の空いてる場所にドロップすると、自動でトラックが作成されます。

もしも直接のドロップがうまくいかない場合は、いったんデスクトップやFinderのフォルダなどにドロップしてみましょう。ドロップ先にオーディオファイルが生成されるのでそれをDAWにドロップしてください。

また、上記の手順ではすべてがオーディオトラックとしてDAWに読み込まれます。MIDIパートをMIDIとして読み込みたい場合や特定のパートだけ書き出したい場合は、📖「ソングをスタンダードMIDIファイルで書き出す」（217ページ）や📖「伴奏を個別に（マルチトラックで）書き出す」（214ページ）などを参考にしてください。

●開始位置の調整

Studio Oneに読み込んだイベントの開始位置を把握し調整します。Band-in-a-Boxから書き出されたデータは先頭に2小節のカウントがあるので、これを考慮してDAW側で小節を管理しましょう。つまり、実際に曲がはじまるのは5小節目、となっています。

活用編④｜VOCALOIDと連携した制作

●不要なパートをミュートする

配置したトラックの中で不要なものはミュートするか削除しましょう。

例えば、下図の下から2番目のトランペットとして読み込まれているトラックは、このあとVOCALOIDに歌詞を歌わせるメロディーのパートなので重複することになります。そこで、トラックをミュートしたりイベントを無効にするなどして音が出ないようにします。

その上のブラスセクションのトラックは1番が不要なのでイベントを分割して削除しました。また、最下段のソロ用リアルトラックのトラックは2番だけを残しました。このように、この段階でアレンジや構成を少しずつ固めていくとよいでしょう。

ブラスセクションの
不要な1番部分を削除

ソロ用リアルトラックは
2番だけを残した

VOCALOIDに歌わせるメロディーのパートなので
ミュートまたは無効にする

曲の構成を考えつつ必要なパートや削除する箇所を編集する

VOCALOID で歌わせる

VOCALOID 用データの準備

　VOCALOIDトラックを作成する基本作業は、エディタであるPiapro Studioにメロディーとなる MIDI データを入力して歌詞を割り当てる作業となります。
　Band-in-a-Boxからメロディーパートを MIDI で書きし、Piapro Studio に読み込ませることで、簡単に VOCALOID 用のノートデータを用意できます。

● メロディーパートを MIDI で書き出す

[手順]

1) Band-in-a-Box のメロディーパートを「DROP」ゾーンにドラッグ（①）。
   →「DROP」ゾーンが緑になり、データが準備されます。
2) 緑の「DROP」ゾーンをデスクトップにドロップ。
   →デスクトップにメロディーパートの MIDI ファイルが生成されます（②）。

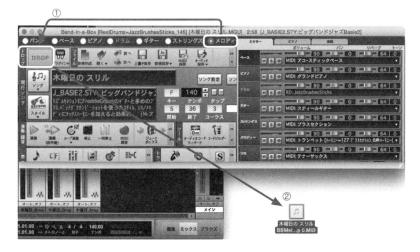

●Piapro Studio で MIDI ファイルを読み込む

> 手順

1) Studio One の画面に戻って Piapro Studio を表示。
※ 画面左上に「Piapro Studio」と表示されている状態にします（①）。
2)「ファイル」メニュー＞「読み込み」＞
「MIDI ファイル」を選択（②）。
3) デスクトップに保存したメロディー
パートの MIDI ファイルを選択し（③）、
「Open」をクリック。
→ Piapro Studio 上にメロディーの演奏データが読み込まれます。

♪ヒント
デスクトップの MIDI ファイルを Piapro Studio に直接ドラッグ＆ドロップしても読み込むことが可能です。

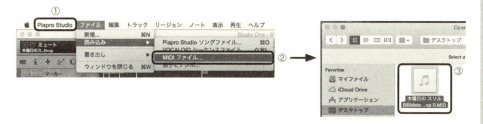

●Piapro Studio 上のメロディーと Studio One の時間軸を合わせる

　読み込まれた直後は、曲の先頭からイベントが配置されています。先に配置したバンドと時間軸がずれないように、イベントの位置を調整します。

時間軸を他のトラックと合わせる

© 2015 マクネナナプロジェクト

♪ヒント

　先ほどのバンドと同じ小節からはじまるようにイベント先頭を配置するとバンドとメロディー（VOCALOID）で時間軸が一致します。
　ここでは、1～2小節目の空白、3～4小節目のカウント、5～8小節目のイントロを考慮して、メロディーは9小節目からはじまるように配置しています。
　別途 Band-in-a-Box 以外で作成したデータを使う場合も、他のトラックの演奏内容を考慮して、メロディーが正しい位置から演奏されるように調整しましょう。

Piapro Studioでの歌詞の入力やその他の編集

　Piapro Studio上のイベントをダブルクリックするとデータが開き編集できるようになります。また、ノートをダブルクリックすると歌詞を入力できるので、準備しておいた歌詞を入力しましょう。

© 2015 マクネナナプロジェクト

♪ヒント

　Band-in-a-Boxで生成されたMIDIデータは、VOCALOIDで使用することが考慮されているわけではありません。ノートデータの長さを調整したり、場合によってはリズムを変更するなどして、用意した歌詞に合うように調整や修正するとよいでしょう。もちろん歌詞をノートデータに合うように調整してもかまいません。ノートデータの編集や歌詞の入力に関してはPiapro Studioのマニュアルなども確認してください。

その他の応用テクニック

　VOCALOID用に書き出したメロディーパートのMIDIファイルは、Studio Oneに直接ドロップするとMIDIトラックとして読み込まれ配置されます。そこにソフト音源を割り当てて、VOCALOIDで作成した歌声とユニゾンさせてもよいでしょう。

活用編④｜VOCALOIDと連携した制作

　Band-in-a-Boxでハーモニー機能が有効な場合は、読み込んだメロディーデータが複数のパートに分かれる場合があります。Piapro Studioにも【ミュート】ボタンや【ソロ】ボタンがあるので、1パートずつ試聴してどれがメインのボーカルパートかを見極めましょう。

　また、メイン以外には、コーラス用に「はー」「ふー」などの歌詞を割り当てても面白いでしょう。その際は、それぞれのパートのパンを少しずつ左右に割り振るとステレオ効果が増します。

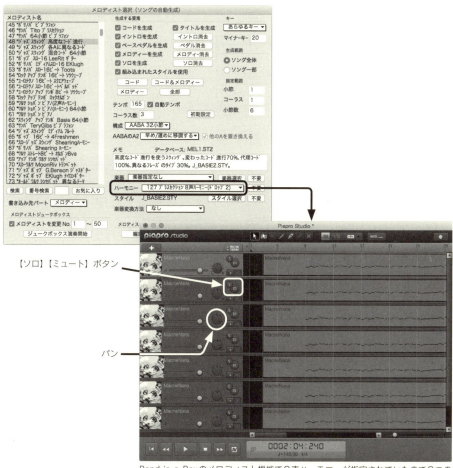

Band-in-a-Boxのメロディスト機能で8声ハーモニーが指定されていたので8つのトラックが生成されている（画面内には8トラック中7つが表示されている）

© 2015 マクネナナプロジェクト

ミックスから書き出しまで

DAW でのミックス

すべてのトラックが用意できたら、DAWの機能を使ってミックスをしましょう。

Studio Oneであれば、ミックスウィンドウでトラックごとの音量調整やエフェクトでの音作りなどもおこなえます。マスタートラックでの最終的な調整も可能です。

Studio Oneのエフェクトプリセットで
女性ボーカル用のプリセットを割り当てた

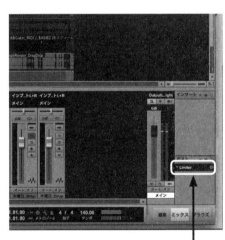

マスタートラックにはLimiterをつないで
最終的な音量管理もしている

ファイルとして書き出し

ミックスも含めすべての作業が完了したら、ファイルとして書き出しましょう。書き出し方はDAWによって異なります。それぞれのでマニュアルなどで確認してください。

Studio Oneではいろいろな形式で書き出せますが、一般的なオーディオファイルとして書き出す方法を紹介しておきます。

活用編④ | VOCALOIDと連携した制作

手順

1）書き出す範囲を設定。

※ いくつかの方法がありますが、今回はソングスタート／エンドマーカーを曲の開始位置、終了位置に配置して範囲を指定します。

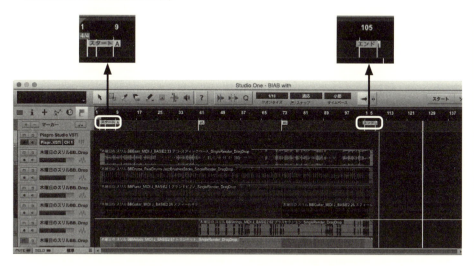

2）「ソング」メニュー＞「ミックスダウンをエクスポート」を選択。
　　保存に関する設定画面が表示されるので必要な設定をし、「OK」をクリックすると書き出しがはじまります。

保存に関する設定画面

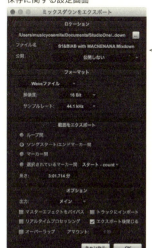

♪ヒント

主な設定を以下に紹介します。

- ロケーション（保存場所）
- ファイル名（保存するファイル名称）
- フォーマット（形式。一般的なWAVEファイルでよいでしょう）
- 解像度とサンプルレート（CD品質なら16bit 44.1kHzになります）
- 範囲をエクスポート（今回はソングスタート／エンドマーカーで範囲指定したので、それを選びます）

その他必要に応じて設定してください。詳細についてはマニュアルを確認しましょう。

書き出しが終わると、書き出されたファイルがFinderのウィンドウで表示されます。今回はWAVEファイルという一般的なオーディオファイル形式で書き出したので、他のアプリケーションで活用することも可能です。

もちろんBand-in-a-Boxで生成されたデータに著作権はありません。歌詞やメロディーが自作の場合は、今回の作業で作成した曲はみなさんのオリジナル曲ということになります。

たくさん曲を作って自信作ができたらWebにアップロードして公開し、多くの人に聴いてもらいましょう！

♪ヒント

ファイル管理の大切なポイント（読み込んだオーディオを見失わないために）

今回の作業では、Band-in-a-Boxで生成されたオーディオをDAWにドロップして曲を作りました。このとき、ドロップした実際のオーディオファイルがどこにあるかを把握しておくことが大切です。

DAWの中には、このようにオーディオを読み込んだだけでは、曲データにそれらのデータはコピーされないものもあります。Studio Oneの場合、外部から読み込んだデータは、そのままでは参照しているだけでソング内にはコピーされません。

Band-in-a-Boxからドロップしたバンドの各トラックも、Band-in-a-Boxの書き出しフォルダから参照しているだけで、そちらを削除するとStudio Oneではファイルを見失ってしまいます。

これを避けるには、Studio Oneで作業をしたあとに、「ソング」メニュー＞「外部ファイルをコピー」を実行します。これでソングで使用されている外部ファイルが、Studio Oneのソングフォルダ内にコピーされます。

Studio One以外のDAWでも同様のことがいえるので、DAW側の機能を確認して上記のような機能を実行したり、手動で曲データ内にコピーしたりするなどしてしっかりと管理しましょう。

Studio Oneには、外部ファイルをコピーする機能が用意されている

手動で管理する場合は、「DROP」ゾーン上で右クリックして「ドラッグ＆ドロップフォルダを開く」を選択すると、「DROP」ゾーンにより書き出されたファイルの一時保存先がFinderウィンドウで開かれます。コピーするなどして確実に管理しましょう。

あとがき

　いかがだったでしょうか。Band-in-a-Boxの使い方から、他のソフトと連携しての音楽制作までを紹介してきました。Band-in-a-Boxが、実に頼りになるソフトであることがおわかりいただけたことでしょう。

　Band-in-a-Boxの機能には、他のソフトでは置き換えられないような便利さ、頼もしさがあります。たくさんの機能の中から、自分なりの使い方を見つけることこそが、Band-in-a-Boxとのよい付き合い方だと思います。Band-in-a-Boxのあの機能だけのために使ってる！　といった使い方でもまったく問題ありません。

　何でも自動で生成してくれるのがウリではありますが、自分がやりたいことやイメージがあって、Band-in-a-Boxに的確に指示ができたり、助けを求めたり、といった関係になってくると、さらによき相棒となってくれることでしょう。

　どうぞこの本を片手に、Band-in-a-Boxとの音楽ライフを楽しんでください。

INDEX

記号
- 90
△ 90
○ 90
φ 90

アルファベット

A
AAC 85, 176, 213
ACW 84, 88 ➡「オーディオコードウィザード」も参照
AIFF 85, 141, 150, 172, 173, 175, 213
AmpliTube 182, 225
Audio MIDI 設定 20, 184

B
BasicPAK 16

C
CD を作成 174
CoreMIDI ポートの設定 , 21

D
DAW プラグイン設定 215, 216, 220
DAW プラグインモード 200, 232
Dock へ登録 18
DROP 23, 202, 214, 215, 216, 220, 235, 238, 244
D.S. 106

E
EverythingPAK 16

F
Flex を有効にする 227

G
GarageBand 198, 230
GarageBand での音量調整 205
GarageBand のテンポ 204
GarageBand を再生 204

I
iTunes 85, 174, 213

M
M4A 85, 141, 150, 172, 173, 175
MegaPAK 16
MG 30
MGU 171, 175
MIDI 134
MIDI ST 147 ➡「MIDI スーパートラック」も参照
MIDI キーボード 81
MIDI 機器の設定 21
MIDI スーパートラック 40, 41, 147, 149
MIDI 設定 187
MIDI データを消す 133
MIDI トラック 40, 41
MIDI ファイルで書き出し 215
MIDI ポート設定 21
MIDI 録音 132, 134, 137
MP3 85, 150, 176, 213
MP4 150
MST 147, 148 ➡「MIDI スーパートラック」も参照

P
PDFとして保存 166
Piapro Studio 230, 234, 239, 240

S
SampleTank 40, 182, 192, 195
SampleTankを起動 188
SG 30
SGU 171, 175
SoundCloud 141, 142, 213
Studio One 230, 232, 233, 242

V
VOCALOID 230
VOCALOID4 Editor for Cubase 230

W
WAV 150
WAVE 172, 244

かな

あ
アーティストパフォーマンス 130
新しいコードシート 44
アンティシペーション 92, 97

い
移調 35, 117
移調楽器 120
一括でオーディオに変換 172
印刷 163, 164, 166
印刷オプション 163, 164, 165, 166
インストール 17
イントロコードの自動生成／削除 56

う
ウィザード共演機能 134, 136
歌声ライブラリ 230
上書き保存 74

え
エクステンション 76, 78, 82
エコー 208
エフェクト 194, 207
演奏 31, 44, 46, 120, 129, 135, 148, 177
演奏（新伴奏） 32, 44, 72
エンディング 57, 115

お
オーディオCD 174
オーディオコードウィザード 84
オーディオに書き出し 213
オーディオファイルで書き出し 215
オーディオファイルを分析 84
オーディオ保存 141, 143, 171, 173
オートメーション 226
お気に入りスタイル 53
音色 38
音符単位の歌詞 159

か
開始小節 50
楽譜として表示 154
歌詞 159, 240
歌詞の印刷 163
歌詞の垂直位置 161
歌詞のフォント 162
環境設定 58, 92, 98, 100

き
キー 49

キー設定のみ変更 35, 118
ギターウィンドウ 128
ギターの録音 221
ギター向けエフェクト 222
起動 18
行単位歌詞 162

け
現行コードの設定 98, 104
現行小節の設定 62, 108, 109, 110
現行ソング 24
現行ソングの設定 57, 94, 101, 114

こ
効果音 150
コーダ 106
コード・音符のコピー&貼付け 48
コードシート 25, 44, 76
コードシートのフォント 90
コードに適した音階 126
コードのコピー 47
コードの貼り付け 48
コード表示 90, 91, 120
コードビルダー 82, 95
コードボックス 24, 46
コードを試聴 82
コードを生成 54
コードを入力 45, 77, 81, 82, 95
コーラス 50, 232
個別に（マルチトラックで）書き出す 214

さ
最近使ったソングを開く 34
サブスタイル 50, 93, 94, 114

し
指定小節から演奏 32
終了小節 50
消音 38, 41
小節設定 109
シリアル番号 17
新規保存 74
シンプル版リアルトラック 64

す
スタイル 24, 36, 51, 147
スタイルの試聴 37
スタイルピックウィンドウ 36, 51, 147, 177
「スタイルピックウィンドウ」からスタイルを開く 36, 51
ステータスバー 23
すべてを自動で生成 169
スルー 23, 112

せ
セル 45, 76

そ
ソリスト 67, 123
ソロ 38, 145
ソロを生成 55
ソング 24, 33, 34
ソング形式の作成 106
ソング構成 106
ソング設定 57, 94, 101, 114
ソングのキー 35
ソングのテンポ 34, 49
ソングピックウィンドウ 33
「ソングピックウィンドウ」からソングファイルを開く 33
ソングメモ 31, 130

ソングを MIDI ファイルとして保存 217
ソングを開く 30
ソングを別々のオーディオとしてドロップする 216

た
タイトル 73
タイトルエリア 24, 34, 36, 49, 51, 117
タイトル自動作成 73
タイトルのフォント 156
代理コード 124
ダイレクト入力版リアルトラック 65

つ
ツールバー 24

て
停止 31, 44, 46, 50, 133, 135
テンポ 34, 49, 129, 233

と
トーン 144, 146
ドラッグ＆ドロップフォルダを開く 244
トレード 123
ドロップステーション 23

な
名前を付けて保存 74

の
ノーテーション 126, 131, 159
ノーテーションウィンドウ 121, 126, 159
ノーテーションウィンドウオプション 156, 158, 162, 165
ノーマライズ 172

は
パートマーカー 60, 93, 105
パート名 23
ハーモニーを付ける 112
ハーモニーをメロディーパートに書き込む 113, 178
パン 38, 144, 146, 226
バンド 23, 202, 216, 235
反復記号 106

ひ
必要な要素だけを選んで生成 169
開く 30, 130

ふ
フィルイン 60, 94, 102, 105
フェードアウト 115
プッシュ 92, 97, 98
プッシュの音量 98, 100
プラグイン 200, 216, 220
フリーズ 72, 145
フリーズを解除 72
ブルージーな演奏 116
ブレイク 59, 92, 102
ブレイクさせない楽器 103
ブレイクの種類 102, 104
分数コード 78

へ
ベース音 76

ほ
ボカキュー 231
保存 73
ボリューム 38, 144, 146, 205, 226
ボリュームを一定化 172

ま

マクネナナ 230
マルチトラックで書き出す 216, 235

み

ミキサーウィンドウ 25, 38, 116, 144
ミックス 242
ミドルコーラス 50, 55, 94, 114
ミュート 38, 116, 145, 237

め

メニューバー 23
メロディーからコード生成 138
メロディー消去 55
メロディーパートへの録音 132
メロディーを生成 54, 232
メロディスト 54, 168, 179, 232

ら

ライセンス認証 17

り

リアルチャート 41, 71, 218
リアルトラック 40, 41, 61, 66, 100, 218, 224, 232
リアルトラック設定 100, 218
リアルトラックピックウィンドウ 61, 68, 224
リアルトラックメドレー 70
リアルトラックを変更 62
リアルドラム 40, 41, 99
リアルドラム設定 99
リードシートウィンドウ 154, 157
リードシートオプション 156, 157, 165
リードシートのフォント 157
リバーブ 38, 144, 146, 208
リピート 106

臨時記号 78

る

ルート 76, 82
ループ演奏 32

れ

練習 129
練習用テンポ 129

ろ

ローマ数字 91

◎著者略歴
近藤隆史（こんどう・たかし）

東京音楽大学トロンボーン専攻卒。文教大学情報学部、東京音楽大学音楽教育専攻、非常勤講師。

音楽ソフトウェアやハードウェアの企画・開発・サポートなどに携わる一方、クラシックからジャズ、ロックまでさまざまな分野の演奏活動も継続的におこなっている。

著書に、『万能おまかせ作曲ソフトBB22入門ガイド』、『Studio One ガイドブック』（いずれもスタイルノート）がある。

自動作曲・伴奏ソフト BB22 for Mac 入門ガイド
―― アレンジや演奏は Band-in-a-Box にまかせて Mac で音楽作り

発行日　2015 年 5 月 31 日　第 1 刷

著　者　近藤隆史

協　力　フロンティアファクトリー株式会社

発行人　池田茂樹

発行所　株式会社スタイルノート
　　　　〒 185-0021
　　　　東京都国分寺市南町 2-17-9 ARTビル5F
　　　　電話 042-329-9288
　　　　E-Mail books@stylenote.co.jp
　　　　URL http://www.stylenote.co.jp/

装　丁　又吉るみ子
印　刷　シナノ印刷株式会社
製　本　シナノ印刷株式会社

© 2015 Takashi Kondo　Printed in Japan
ISBN978-4-7998-0136-9 C1004

定価はカバーに記載しています。
乱丁・落丁の場合はお取り替えいたします。当社までご連絡ください。
本書の内容に関する電話でのお問い合わせには一切お答えできません。メールあるいは郵便でお問い合わせください。なお、返信等を致しかねる場合もございますのであらかじめご承知置きください。
本書は著作権上の保護を受けており、特に法律で定められた例外を除くあらゆる場合においての複写複製等二次使用は禁じられています。